Peter Stamm

Seerücken

ERZÄHLUNGEN

S. Fischer

S. Fischer Verlag, Frankfurt am Main 2011
© 2011 by Peter Stamm
Satz: Dörlemann Satz, Lemförde
Druck und Bindung: CPI – Clausen & Bosse, Leck
Printed in Germany
ISBN 978-3-10-075133-1

Sommergäste

SIE KOMMEN ALLEIN?, fragte die Frau am Telefon noch einmal. Ihren Namen hatte ich nicht verstanden, ihren Akzent konnte ich nicht einordnen. Ja, sagte ich. Ich suche einen Ort, an dem ich in Ruhe arbeiten kann. Sie lachte etwas zu lang, dann fragte sie, was ich denn arbeiten würde. Ich schreibe, sagte ich. Was schreiben Sie? Eine Arbeit über Maxim Gorki. Ich bin Slawist. Ihre Neugier ärgerte mich. Ach?, sagte sie. Sie schien einen Moment lang zu zögern, als wäre sie nicht sicher, ob sie das Thema interessiere. Gut, sagte sie schließlich, kommen Sie. Sie kennen den Weg?

Ich hatte im Januar eine Tagung besucht, es ging um die Frauenfiguren in Gorkis Stücken. Mein Referat über die *Sommergäste* sollte in einem Sammelband erscheinen, aber im täglichen Unibetrieb war keine Zeit gewesen, es zu überarbeiten und fertigzustellen. Ich hatte mir die Woche vor Christi Himmelfahrt dafür freigehalten und einen Ort gesucht, an dem niemand und nichts mich erreichen oder ablenken konnte. Ein Kollege hatte mir das Kurhaus empfohlen. Er hatte als Kind viele Sommerferien dort verbracht. Irgendwann sei der Besitzer des Hauses in Konkurs gegangen, aber er habe gehört, das Hotel sei vor einigen Jahren wiedereröffnet worden. Wenn du einen Ort suchst, an dem nichts los ist, bist du da oben genau richtig. Als Kind habe ich es gehasst.

Die Busse zum Kurhaus fuhren nur im Sommer. Sie könne mich leider nicht abholen, hatte die Frau am Telefon gesagt, ohne einen Grund zu nennen, aber ich könne vom nächstgelegenen Dorf aus zu Fuß heraufkommen, der Marsch sei nicht lang, eine Stunde allerhöchstens.

Der Bus wand sich eine enge Straße hoch durch eine terrassierte Landschaft. Er war spärlich besetzt, und an der Endstation stiegen außer mir nur noch ein paar Schüler aus, die sich sofort zwischen den Häusern verloren. Ich hatte nur das Nötigste an Kleidern eingepackt, aber mit den vielen Büchern und dem Laptop war der Rucksack wohl an die zwanzig Kilo schwer. Was haben Sie denn dabei?, fragte der Busfahrer, der mir beim Ausladen half. Papier, sagte ich, und er musterte mich misstrauisch.

Vor der Post standen ein paar Wegweiser, die in unterschiedliche Richtungen zeigten. Ich folgte einem Sträßchen und später einem Pfad, der quer durch eine steile Wiese führte und dann in eine schmale, bewaldete Schlucht hinunter. Am Waldrand wuchsen Lärchen und vereinzelte Eschen, im Inneren Rottannen. Überall lagen umgestürzte Bäume, vertrocknete Tannengerippe, unter denen noch letzte Reste Schnee zu sehen waren. Der Boden war nass, und meine Füße sanken tief ein in der schwarzen Erde. Immer wieder verklebten mir unsichtbare Spinnweben Gesicht und Hände. Spuren von anderen Wanderern fand ich nicht, vermutlich war ich der erste in diesem Jahr.

Nach einer Weile fiel mir auf, dass ich schon länger keine Wegmarke mehr gesehen hatte, kurz darauf verlor sich der Pfad zwischen den Bäumen. Ich hatte keine Lust umzukehren und ging den Abhang hinunter, der zunehmend steiler wurde. An manchen Stellen musste ich mich an Wurzeln oder Ästen festhalten, einmal glitt ich aus, rutschte ein paar Meter weit und zerriss mir die Hose. Das Rauschen des Baches unter mir wurde immer lauter, und als ich ihn schließlich erreichte, fand ich auch den Weg wieder. Es war ein reißender Bergbach mit grauem Wasser. Er floss in einem breiten Bett aus hellen Felsen und Geröll, das wie eine offene Wunde wirkte in der dunklen Waldlandschaft. Ich kam jetzt leichter voran und erreichte nach ungefähr einer halben Stunde einen kleinen Holzsteg. Die Pfeiler waren unterspült, und ein Baum, der mit dem Wurzelballen umgekippt war, lag quer über der Brücke. Er hatte das Geländer abgerissen, und einige der Bodenplanken waren unter seinem Gewicht zerborsten. Vorsichtig kletterte ich hinüber. Auf der anderen Seite der Schlucht stieg der Weg steil an, und ich schwitzte, obwohl es kühl war im Wald.

Ich brauchte fast zwei Stunden, bis ich durch die Bäume hindurch das Kurhaus auftauchen sah. Fünf Minuten später stand ich vor dem riesigen Jugendstilgebäude. Der Talgrund lag schon im Schatten, aber das Haus, das etwas erhöht stand, leuchtete weiß in der Abendsonne. Alle Fensterläden bis auf einen im Parterre waren geschlossen, kein Mensch war zu sehen, und nur das Rauschen des Baches war zu hören. Die Eingangstür stand offen, und ich trat ein. Im Foyer war es schummrig. Durch die farbigen Scheiben der inneren Tür fielen ein paar Sonnenstrahlen auf den abgetretenen Perserteppich, der auf dem Steinboden lag. Die Möbel waren mit weißen Tüchern zugedeckt.

Hallo, rief ich leise. Niemand meldete sich, und ich trat durch eine Schwingtür, über der in altertümlicher Schrift *Speisesaal* stand. Ich kam in einen großen Raum mit vielleicht dreißig Holztischen und umgedrehten Stühlen darauf. In der hintersten Ecke des Saals war ein Tisch im Licht. Dort saß eine junge Frau. Hallo, rief ich etwas lauter als vorher und ging durch den Raum auf sie zu. Noch bevor ich sie erreicht hatte, stand sie auf, kam mir mit ausgestreckter Hand entgegen und sagte, willkommen, ich bin Ana, wir haben telefoniert.

Sie musste ungefähr in meinem Alter sein. Sie trug einen schwarzen Rock und eine weiße Bluse wie eine Kellnerin. Sie hatte schwarzglänzendes, schulterlanges Haar. Ich fragte, ob das Hotel geschlossen sei. Jetzt nicht mehr, sagte sie und lächelte. Auf dem Tisch stand ein halbvoller Teller mit Ravioli. Einen Moment bitte, sagte die Frau. Sie setzte sich wieder hin und aß auf. Sie schlang das Essen hinunter, es schien sie nicht zu stören, dass ich ihr dabei zuschaute. Ich hatte seit dem Mittag nichts gegessen und bekam langsam Hunger, aber ich wollte erst mein Zimmer beziehen, duschen und mich umziehen. Ich setzte mich der Frau gegenüber, sie lud mich mit einer verspäteten Handbewegung dazu ein und sagte, erzählen Sie mir von Ihrer Arbeit. Ich erklärte ihr noch einmal, weshalb ich hier sei. Sie wischte sich den Mund mit der Serviette ab und fragte, weshalb interessiert Sie das? Ich zuckte mit den Schultern und sagte, ich sei zu der Tagung eingeladen worden. Gender Studies seien im Moment in Mode. Und warum immer die

Frauen?, fragte sie. Ich weiß nicht, sagte ich, Männer sind weniger interessant. Mit einem Schluck Wein spülte sie den letzten Bissen hinunter. Ich zeige Ihnen jetzt das Zimmer.

Im Foyer trat sie hinter die Rezeption und kramte in den Schubladen des Möbels. Nach einer Weile schob sie einen Block über die Theke und bat mich, das Formular auszufüllen. Ich trug mich ein. Als ich zurückblättern und die letzten Einträge lesen wollte, nahm sie mir den Block aus der Hand und verstaute ihn. Würde es Ihnen etwas ausmachen, gleich zu bezahlen? Ich sagte, das sei in Ordnung. Sieben Tage Vollpension, rechnete sie, das macht vierhundertzwanzig Franken inklusive Kurtaxe. Sie steckte die Geldscheine ein und sagte, das Wechselgeld gebe sie mir später. Und eine Rechnung, bat ich. Sie nickte, kam hinter der Rezeption hervor und lief mit schnellen Schritten die breite Steintreppe hoch. Erst jetzt fiel mir auf, dass sie barfuß war. Ich nahm meinen Rucksack und folgte ihr.

Sie wartete im ersten Stock auf mich am Anfang eines langen düsteren Flurs. Haben Sie einen besonderen Wunsch?, fragte sie. Als ich verneinte, öffnete sie die erste Tür und sagte, dann nehmen Sie doch gleich dieses hier. Ich trat ins Zimmer, das ziemlich klein war und spärlich möbliert, außer einem unbezogenen Bett, einem Tisch und einem Stuhl gab es eine Kommode, auf der ein altes Porzellanbecken stand und darin ein mit Wasser gefüllter Krug. Die Wände waren weiß gekalkt und leer bis auf ein Kruzifix über dem Bett. Ich ging zur Glastür, die auf einen winzigen Balkon führte. Den sollten Sie besser nicht benutzen, sagte Ana vom Flur aus. Ich fragte, wo sie schlafe. Weshalb wollen Sie das wissen? Einfach so. Sie schaute mich ärgerlich an und sagte, nur weil sie allein hier sei, heiße das nicht, ich könne mir Freiheiten erlauben. Ich hatte an nichts Böses gedacht und schaute sie überrascht an. Ich fragte, wann ich essen könne. Sie machte ein Gesicht, als denke sie angestrengt nach, dann sagte sie, ich solle herunterkommen, wenn ich mich frisch gemacht hätte. Dann verschwand sie und tauchte kurz darauf noch einmal in der Tür auf und warf, ohne ein Wort zu sagen, Bettwäsche und ein Handtuch auf den Tisch neben mir.

Das Bad und die Toiletten waren am Ende des Flurs. Ich zog mich aus und stellte mich unter die Dusche, aber als ich den Hahn aufdrehte, war nur ein leises Röcheln zu hören. Auch die Toilettenspülung funktionierte nicht. Nur in Unterwäsche ging ich zurück in mein Zimmer und wusch mich mit Wasser aus dem Krug und zog frische Sachen an. Dann ging ich hinunter, aber Ana war nirgends zu finden.

Gegenüber vom Speisesaal war ein etwas kleinerer Raum, über dessen Tür *Damensalon* stand. Darin gab es einige ebenfalls mit Tüchern bedeckte Sessel und einen großen Billardtisch. Auf dem grünen Filz lagen eine rote und zwei weiße Kugeln, an den Tisch gelehnt stand ein Queue, als habe eben noch jemand hier gespielt. Der nächste Raum war mit *Fumoir* angeschrieben und schien als Bibliothek zu dienen. Die meisten Bücher waren alt und verstaubt und von Autoren, deren Namen ich noch nie gelesen hatte. Nur wenige Klassiker waren dabei, Dostojewskij, Stendhal, Remarque. Dazwischen standen ein paar zerlesene Bestseller von amerikanischen Autoren.

Ich ging zurück ins Foyer und von da in den Ballsaal, den größten Raum, der bis auf einen aufgerollten Teppich leer war. An der von falschen Marmorsäulen getragenen Decke hing ein alter Kronleuchter aus Messing. Es war kühl in den Räumen, durch die geschlossenen Läden drang nur wenig Licht. In der Küche im Untergeschoss war es noch düsterer. Dort stand ein riesiger Kochherd aus Gusseisen, der offenbar mit Holz beheizt wurde, und auf einer Anrichte Dutzende von gebrauchten Weingläsern und Stapel von schmutzigen Tellern, als habe im Hotel vor kurzem ein Bankett stattgefunden. Ich ging wieder ins Erdgeschoss und nach draußen.

Die Schatten der alten Tannen, die in einiger Entfernung um das Kurhaus standen, waren inzwischen länger geworden und griffen schon nach den weißen Mauern. Ich ging um das Gebäude herum. An einer Seite war ein kleiner Kiesplatz, auf dem ein paar Blechtische und Klappstühle standen und einige Liegestühle. Erst als ich näher trat, sah ich Ana. Ich setzte mich neben sie und fragte, ob sie die letzten Sonnenstrahlen genieße. Es war ein langer Winter, sagte sie, ohne die Augen zu öffnen. Ich betrachtete sie. Ihre Augenbrauen waren ungewöhnlich breit, ihre Nase ziemlich markant. Die schmalen Lippen gaben ihrem Gesicht etwas Strenges. Sie hatte die Beine angewinkelt, und ihr Rock war ein wenig hochgerutscht. Die obersten Knöpfe ihrer Bluse waren geöffnet. Ich wurde das Gefühl nicht los, sie habe sich für mich so hingelegt. Da öffnete sie die Augen und fuhr sich mit der flachen Hand über die Stirn, als wolle sie meine Blicke wegwischen. Ich räusperte mich und sagte, die Duschen funktionieren nicht. Habe ich Ihnen das nicht gesagt? Und die Toilettenspülung. Improvisieren Sie, sagte sie mit einem freundlichen Lächeln, jetzt liegt ja wenigstens kein Schnee mehr. Wann fängt denn die Saison hier an?, fragte ich. Sie sagte, das hänge von verschiedenen Dingen ab. Eine Weile lang saßen wir schweigend nebeneinander, dann stemmte sie sich hoch, brachte ihre Kleider in Ordnung und sagte, Sie wollten doch in Ruhe arbeiten. Da bin ich mir nicht mehr so sicher, sagte ich, und als sie mich irritiert anschaute, ich würde gerne etwas essen. Sie sagte, das Abendessen sei um sieben, stand auf und verschwand.

Ich ging zurück auf mein Zimmer und versuchte zu arbeiten. Der Hunger lenkte mich ab, und ich trat auf den Balkon, um eine Zigarette zu rauchen. Da fiel mir ein, dass Ana mir abgeraten hatte, ihn zu benutzen. Aber er sah stabil aus, nur das Eisengeländer war von Rost zerfressen und an einigen Stellen ganz durchlöchert. Direkt unter mir war die Schlucht, und ich hörte das laute Rauschen des Bachs. Als ich mich umwandte, sah ich Ana wieder im Liegestuhl auf dem Kiesplatz.

Um Punkt sieben war ich im Foyer. Kurz darauf kam Ana von draußen herein. Ach Sie, sagte sie, kommen Sie mit. Sie ging voraus in die Küche, zündete eine Petroleumlampe an und führte mich in einen kleinen Vorratsraum, in dem Kartons voller Konservendosen standen. Ravioli?, fragte sie. Gibt es nichts anderes? Sie drehte sich schnell um die eigene Achse, als wolle sie schauen, was alles da sei, dann zählte sie auswendig auf: Apfelmus, grüne Bohnen, Erbsen mit Karotten, Thunfisch, Artischockenherzen, Mais. Ich sagte, ich nähme die Ravioli. Sie griff sich eine Dose vom Regal und drückte sie mir in die

Hand. Zurück in der Küche zeigte sie mir, wo Geschirr und Besteck zu finden waren, und reichte mir einen Dosenöffner. Nicht verlieren, den brauchen wir noch. Und wo kann ich die Ravioli aufwärmen? Sie runzelte die Stirn und sagte, soll ich vielleicht wegen einer Dose den Herd einheizen? Außerdem weiß ich nicht, wie das geht. Ich bat sie um Wein. Sie verschwand und kam kurz darauf mit einer Flasche Veltliner zurück und stellte sie vor mich hin. Der wird separat berechnet, sagte sie, guten Appetit, ich bin oben.

Sie ließ die Lampe stehen und verschwand mit sicherem Schritt in der Dunkelheit. Ich kippte die kalten Ravioli auf einen Teller und ging hoch in den Speisesaal. Das Essen schmeckte scheußlich, aber wenigstens war mein Hunger gestillt. Den leeren Teller brachte ich in die Küche und stellte ihn zum schmutzigen Geschirr. Ich überlegte mir, gleich wieder abzureisen, aber inzwischen war es zu spät. Also setzte ich mich mit meinem Laptop und der Flasche Wein in die Bibliothek, um zu arbeiten. Ich fand eine Steckdose, aber es gab keinen Strom. Auch das elektrische Licht funktionierte nicht. Glücklicherweise war der Akku des Computers voll. Ich las mein Referat noch einmal durch und merkte schnell, dass weniger daran zu tun war, als ich gedacht hatte. Ich versuchte, mich auf den Text zu konzentrieren, aber ich war müde von der langen Wanderung, vom Wein und von der ungewohnten Höhe und nickte immer wieder ein. Um zehn ging ich durch das stockdunkle Gebäude nach oben und ins Bett, ohne Ana noch einmal gesehen zu haben.

Ich traf sie am nächsten Morgen im Speisesaal, vor sich einen Teller mit Apfelmus. Bedienen Sie sich, sagte sie und zeigte auf ein großes Glas, das auf dem Tisch stand. Ich sagte, ich hätte keine funktionierende Steckdose für meinen Laptop gefunden und auch das Licht gehe nicht, ob irgendetwas mit den Sicherungen nicht in Ordnung sei. Wir haben keinen Strom, sagte Ana, als sei es das Selbstverständlichste auf der Welt. Während ich noch aß, stand sie auf und verließ den Raum. Kurz darauf sah ich sie draußen mit einem Handtuch und einer Rolle Toilettenpapier zwischen den Bäumen verschwinden.

Mein Akku war leer, und da ich keinen Ausdruck meines Textes dabeihatte, konnte ich nicht viel tun. Ich las ein wenig in den *Sommergästen* und in der Korrespondenz von Gorki und machte mir ein paar Notizen, aber es hatte keinen Sinn. Am besten wäre es, gleich wieder abzureisen. Aber statt zu packen und nach Ana zu suchen, ging ich in den Damensalon und spielte Billard. Am Mittag war im Speisesaal ein Tisch für zwei gedeckt. Kurz nachdem ich mich hingesetzt hatte, kam Ana mit einer Dose Ravioli. Ich habe sie in die Sonne gestellt, sagte sie, um sie ein wenig aufzuwärmen. Das Essen war kaum wärmer als am Tag zuvor. Schmeckt es nicht?, fragte Ana.

Ich sagte, ich könne nicht arbeiten ohne Strom. Sie schaute mich an wie einen Schwächling und sagte, Sie werden schon etwas finden, um sich zu beschäftigen. Ich muss diesen Text in zwei Wochen abliefern, sagte ich. Wozu schreibt man überhaupt solche Sachen, sagte sie, wen interessiert das schon? Darum geht es nicht. Ich habe einen Termin, und den muss ich einhalten. Sie lächelte spöttisch und sagte, Sie wollen ja gar nicht abreisen. Ana hatte recht. Ich wollte hier bleiben, ich wusste selbst nicht weshalb, vielleicht ihretwegen. Machen Sie sich keine falschen Hoffnungen, sagte sie, als habe sie meine Gedanken erraten.

Das Wetter war gut in den folgenden Tagen, und ich lag oft draußen auf einem Liegestuhl und döste. Ich las viel, spielte Billard oder legte Patiencen. Ana war nie weit, aber wenn ich sie fragte, ob sie mit mir Karten spielen wolle oder Karambolage, schüttelte sie den Kopf und verschwand. Wenn ich in die Bibliothek trat, saß sie schon dort und schaute aus dem Fenster. Ich zog irgendein Buch aus dem Regal und begann zu lesen. Wenn mir eine Stelle gefiel, las ich sie laut vor, aber Ana schien nicht zuzuhören.

Nachdem die Wasserkanne in meinem Zimmer leer war, wusch ich mich wie Ana jeden Morgen am Bach. Ich wartete im Speisesaal, bis ich sie zurückkommen sah, dann erst ging ich los. Ich hatte eine schöne Stelle gefunden, an der das Ufer flach war und das Wasser ruhig floss. In der weichen Erde entdeckte ich Spuren von nackten Füßen, ich nahm an, es sei dieselbe Stelle, an die auch Ana kam. Wenn ich den Kopf in das eiskalte Wasser steckte, war es mir, als explodierte er, aber danach fühlte ich mich den ganzen Morgen lang frisch. Nur das Rauschen des Baches fing an mich zu stören. Man konnte ihm nicht ausweichen, sogar im Inneren des Hotels war es leise zu hören. Ich musste dauernd an Ana denken, die ganzen Tage lang umkreisten wir uns ruhelos, und mir war oft nicht klar, wer von uns beiden den anderen verfolgte.

Sie putzte nicht und kochte nicht, sogar mein Bett musste ich selbst machen. Ihr einziger Dienst bestand darin, Dosen zu öffnen und den Tisch zu decken. Ein einziges Mal machte ich eine Bemerkung, ich bekäme für mein Geld nicht sehr viel. Anas Gesicht verfinsterte sich. Sie sagte, ich solle mir besser über mein eigenes Frauenbild Gedanken machen als über jenes von Maxim Gorki. Das hat doch damit nichts zu tun, sagte ich, aber wenigstens Strom und Wasser dürfe man in einem Hotel erwarten. Sie bekommen viel mehr, sagte Ana barsch. Ich wusste nicht, was sie damit meinte, aber ich hütete mich, das Thema noch einmal anzuschneiden.

Ich versuchte mir vorzustellen, wie es sein würde, wenn sich die Gäste hier im Sommer versammelten, wenn der Speisesaal voller Menschen wäre, jemand am Flügel säße und Kinder durch die Flure rannten, aber es gelang mir nicht.

Die Stapel mit dem schmutzigen Geschirr in der Küche wuchsen. Einmal zählte ich die Teller. Wenn Ana jeden Tag drei benutzt hätte, müsste sie den ganzen Winter hier verbracht haben. Ich fragte sie, ob sie eine Art Hausmeisterin sei. Wenn Sie so wollen, sagte sie. Ich glaubte ihr nicht, aber es war mir längst egal, weshalb sie hier war.

Am Mittag aßen wir meist Thunfisch und Artischockenherzen, am Abend machten wir draußen ein Feuer und wärmten auf einem Stein eine Dose Ravioli auf. Die Sonne verschwand früh aus dem Tal, und es wurde schnell kühl, trotzdem saßen wir jeden Abend lange am Feuer und tranken Wein. Wir hatten den ganzen Tag lang kaum ein Wort gewechselt, und auch jetzt war Ana nicht viel gesprächiger, aber wenigstens hörte sie mir zu. Ich hatte keine Lust, über mich zu reden, ich wollte nicht an mein Leben zu Hause denken, das weit entfernt schien und ohne Belang. Also fing ich an, ihr die *Sommergäste* nachzuerzählen. Sie reagierte auf die verschiedenen Figuren, als seien sie lebende Menschen, ärgerte sich über die ewig klagende Olga und nannte den Ingenieur Suslow ein Schwein. Mit Warwara und ihrer Schwärmerei für den Schriftsteller Schalimow konnte sie nicht viel anfangen. Wie konnte sie nur auf den hereinfallen, sagte sie empört, er ist wirklich ein schlechter Verführer. Was müsste denn ein guter Verführer machen?, fragte ich. Ehrlich müsste er sein, der Geliebten und vor allem sich selbst gegenüber, sagte Ana und schüttelte unwillig den Kopf. Am liebsten war ihr Marja Lwowna. Ich konnte ihren berühmten Monolog aus dem vierten Akt einigermaßen auswendig und musste ihn Ana mehrfach wiederholen. Wir sind Sommergäste in unserem Land, irgendwelche Zugereisten. Wir irren geschäftig umher, suchen nach einem bequemen Plätzchen im Leben, tun nichts und reden abscheulich viel. Ja, sagte Ana, wir alle müssen anders werden. Wir müssen es um unsretwillen, fuhr ich fort, damit wir nicht mehr diese verfluchte Einsamkeit fühlen. Ana schaute mich misstrauisch an und sagte, ich solle nicht auf falsche Gedanken kommen. Sie würden gut in das Stück passen, sagte ich. Gorki hat in einem Brief geschrieben, alle seine Frauenfiguren seien Männerhasserinnen und die Männer Halunken. Dann passen Sie auch gut in das Stück, sagte Ana. Ich schaute sie an, aber im flackernden Licht des Feuers konnte ich ihren Gesichtsausdruck nicht erkennen.

Ich fand nie heraus, wo Ana schlief. Wenn wir nachts zurück zum Haus gingen, jeder mit seiner Lampe, sagte sie, ich solle vorausgehen, sie komme gleich nach. Einmal wartete ich im Flur vor meinem Zimmer. Ich hatte die Lampe gelöscht und lauschte lange Zeit in die Dunkelheit, aber ich hörte keinen Ton, und schließlich ging ich ins Bett.

Halb im Traum stellte ich mir vor, wie Ana in mein Zimmer käme. Mitten in der Nacht erwachte ich und sah im schwachen Mondlicht ihre Silhouette. Sie zog sich aus, schlug die Decke zurück und setzte sich auf mich. Alles geschah völlig geräuschlos, nur durch die dünnen Scheiben war das entfernte Rauschen des Baches zu hören. Ana behandelte mich grob oder, besser gesagt, wie einen Gegenstand, den man zu einem bestimmten Zweck verwendet, aber der einem sonst gleichgültig ist. Als sie ihren Hunger gestillt hatte, ging sie, ohne dass wir ein Wort gewechselt hätten.

Am Morgen saß Ana wie immer schon am Frühstückstisch, als ich in den Speisesaal kam. Ohne viel zu überlegen, strich ich ihr, bevor ich mich hinsetzte, kurz mit der Hand über das Haar. Sie zuckte zusammen und duckte sich. Ich versuchte ein Gespräch zu beginnen, aber Ana gab keine Antwort und schaute mich nur finster an, als wisse sie, wovon ich in der Nacht geträumt hatte. Wie immer schlang sie ihr Essen hinunter und verließ den Tisch, sobald ihr Teller leer war.

Nach dem Frühstück blätterte ich in der Bibliothek in einigen Bildbänden, später ging ich in den Damensalon und spielte Billard. Ana war nirgends zu sehen, und sie kam auch nicht zum Mittagessen. Ich aß unten in der Küche und ging dann wieder in die Bibliothek und begann, einen der amerikanischen Krimis zu lesen. Am frühen Nachmittag hörte ich ein Auto vorfahren. Als ich aus dem Fenster schaute, sah ich einen alten Volvo in der Einfahrt stehen, aus dem zwei Männer stiegen. Einen Moment lang dachte ich daran zu verschwinden, aber dann blieb ich einfach sitzen und las weiter in meinem Buch. Vielleicht eine Stunde später, ich hatte den Krimi eben gelangweilt weggelegt, öffnete sich die Schwingtür und die beiden Männer traten ein. Sie schauten mich entgeistert an, und einer fragte, ohne meinen Gruß zu erwidern, was ich hier machen würde. Ich lese, sagte ich. Und wie sind Sie hereingekommen?, fragte der Mann. Durch die Tür, sagte ich und stand auf, ich bin Gast in diesem Haus. Das Kurhaus ist seit letztem Herbst geschlossen, sagte der Mann. Der Besitzer ist Konkurs gegangen. In einem Monat wird das Haus versteigert.

Jetzt erst stellte er sich vor, er hieß Lorenz und war Konkursbeamter der nächsten Gemeinde. Der andere war ein Kaufinteressent, ein Investor namens Schwab, der schon andere Hotels in der Gegend besaß. Ich erzählte ihnen von Ana und ging mit ihnen ins Foyer und fand in einer Schublade hinter der Rezeption den Meldeblock mit meiner Eintragung. Trotzdem blieb der Konkursbeamte misstrauisch. Ob ich mir denn nichts dabei gedacht hätte, fragte er. Ein Hotel, in dem es kein Wasser gibt und keinen Strom. Es sei wahr, das Telefon habe er nicht abgemeldet, er habe schließlich nicht wissen können, dass jemand sich im Gebäude einnisten würde. Ich gab keine Antwort, was hätte ich schon sagen können. Und wo ist diese ominöse Frau?, fragte er. Ich sagte, um sieben werde sie hier sein, dann äßen wir immer zu Abend. Der Konkursbeamte schaute mich skeptisch an und sagte, er wäre dankbar, wenn ich meine Sachen zusammenräumen würde. Ich könne später mit ihnen hinunterfahren. Sie würden vielleicht noch eine oder eineinhalb Stunden brauchen. Ich sagte, ich hätte bis morgen bezahlt, aber er gab keine Antwort und sagte zum Investor, er werde ihm jetzt das Untergeschoss zeigen. Ich ging auf mein Zimmer, um den Rucksack zu packen.

Als ich fertig war, stieg ich zum ersten Mal, seit ich hier war, in die oberen Stockwerke. Sie sahen genau so aus wie das, in dem ich wohnte. Ich öffnete die Türen aller Zimmer, aber keines davon war bewohnt. Vom obersten Stockwerk aus führte eine schmale Treppe auf den Dachboden, der vollgestopft war mit alten Möbeln, Dekorationsmaterial, Pappkartons mit Briefumschlägen und Toilettenpapier. Ein Stapel Strohkränze lag neben einem alten Schild, auf dem zwischen gemalten Eiszapfen *Winterball* stand. Ich fand ein Dutzend Hornschlitten und große verstaubte Korbflaschen, aber keine Spur von Ana. Trotzdem hatte ich, seit ich das Haus durchsuchte, immer das Gefühl, sie wäre bei mir und käme gleich hinter einer Ecke hervor.

Nachdem ich das ganze Haus durchsucht und nichts gefunden hatte, setzte ich mich im Foyer auf einen der Sessel, ohne das weiße Tuch zu entfernen. Nach einer Weile kamen die zwei Männer aus dem Speisesaal. Herr Lorenz trug eine Papierrolle unter dem Arm. Er schaute auf die Uhr und machte ein ungeduldiges Gesicht. Sechs Uhr, sagte er zu seinem Begleiter, ich will Sie nicht länger aufhalten. Wenn Sie warten wollen, sagte Herr Schwab, ich habe es nicht eilig. Ich möchte selbst gerne wissen, was es mit dieser geheimnisvollen Frau auf sich hat. Er wandte sich an mich und sagte, ich wisse doch bestimmt, wo hier der Wein versteckt sei, ob ich nicht eine Flasche holen wolle. Das mache ich, sagte Lorenz schnell und verschwand in den Keller. Was halten Sie von diesem Ort?, fragte der Investor, kann man es hier aushalten? Er sei sich nicht sicher. Zwei Konkurse innerhalb weniger Jahre seien nicht gerade ein gutes Zeichen für ein Haus, aber vielleicht hätten es einfach die falschen Leute geführt.

Wir setzten uns in den Speisesaal und tranken die Flasche Veltliner, die Lorenz gebracht hatte. Um viertel nach sieben sagte Schwab, er glaube nicht, dass die Frau noch komme, vermutlich habe sie das Auto vor dem Hotel gesehen und Reißaus genommen. Wenn es sie überhaupt gibt, sagte Lorenz. Sie war da, sagte ich. Lorenz nickte und sagte, ich glaube Ihnen ja. Wir warteten noch eine Viertelstunde. Schließlich entschlossen wir uns zu gehen. Der Konkursbeamte verriegelte die Tür und sagte, er werde morgen die Polizei raufschicken, um nach dem Rechten zu sehen. Während wir auf der kurvigen Straße die Schlucht hinunterfuhren, dachte ich an Ana und fragte mich, wo sie jetzt wohl sein, was sie essen, wo sie die Nacht verbringen würde. Ich war sicher, dass nicht das Auto sie vertrieben hatte, sondern ich, meine gedankenlose Berührung an diesem Morgen.

Ich übernachtete in einer kleinen Pension, die mir der Konkursbeamte empfohlen hatte. Am Morgen fuhr ich nach Hause. Es blieb mir noch eine Woche, um meinen Text fertigzustellen, und ich arbeitete die nächsten Tage intensiv daran. Dabei musste ich immer wieder an Ana denken. Jetzt erst begriff ich, was sie gemeint hatte, als sie sagte, ich bekäme von ihr viel mehr als Strom und Wasser. Nachdem ich den Text abgeliefert hatte, rief ich den Konkursbeamten an. Er brauchte einen Moment, um sich an mich zu erinnern, dann sagte er, die Polizei sei im Hotel gewesen und habe alles durchsucht, aber außer den leeren Dosen und dem schmutzigen Geschirr keine Spur von einer Frau gefunden.

Der Lauf der Dinge

ICH SAGE NICHT, sie haben uns belogen, sagte Alice, aber sie haben uns nicht die Wahrheit gesagt. Das ist doch immer so, sagte Niklaus seufzend und legte einen Finger zwischen die Seiten des Reiseführers, in dem er geblättert hatte, es ist immer anders, als man es sich vorgestellt hat. Es ist immer anders, als die Leute im Reisebüro behaupten, sagte Alice, es ist immer schlechter. Meinetwegen, sagte Niklaus. Die Diskussion hatten sie schon mindestens fünfmal geführt, seit sie hier waren. Alice hatte sich das Ferienhaus größer vorgestellt, schöner eingerichtet und mit einem gepflegteren Garten. Sie hat sich ihr Leben anders vorgestellt, dachte Niklaus, das ist das Problem, nicht ein durchgesessenes Sofa oder ein schmutziger Backofen. Der Backofen starrt vor Schmutz, sagte Alice. Fünf Minuten bis zum Meer!, sagte sie mit einem höhnischen Lachen. Du benutzt den Backofen doch sowieso nie, sagte Niklaus. Und ob es fünf oder zehn Minuten sind zum Meer, was spielt das für eine Rolle, wir sind in den Ferien. Natürlich ging es nicht um fünf Minuten. Es ging darum, dass Alice sich betrogen vorkam, übervorteilt, und dass Niklaus sich wieder einmal nicht für sie einsetzte und alles einsteckte. Du lässt dir alles gefallen, sagte sie. Er sagte, wir könnten nach Siena fahren.

Ursprünglich war Siena eine etruskische Siedlung, sagte Niklaus. Unter den Römern hieß die Stadt Sena. Den Höhepunkt ihrer Geschichte erlebte sie im dreizehnten Jahrhundert. Damals wurde die Universität gegründet und das Rathaus gebaut.

Sie waren auf der Flucht vor dem Strom der Touristen in enge Nebengassen ausgewichen und hatten sich verirrt. Niklaus hatte gezögert, den kleinen Stadtplan im Reiseführer zu konsultieren, obwohl sie ohnehin jeder als Touristen erkannte. Als er es endlich doch tat, hatten sie die Altstadt längst verlassen und standen an einer dichtbefahrenen Straße, die auf dem Plan nicht zu finden war. Das ganz normale Leben, sagte er, das ist doch auch mal interessant. Aber Alice hatte alles gesehen, was sie sehen wollte, den Palazzo Pubblico, das Kunstmuseum, den Campo und die Kathedrale. Das normale Leben konnte sie auch zu Hause haben. Jetzt taten ihr die Füße weh, und der Regen konnte jeden Moment wieder einsetzen. Du hast keine Ahnung, wo wir sind, nicht wahr? Ich glaube, sagte Niklaus und drehte den Plan auf den Kopf, wir müssten ungefähr hier sein. Alice winkte einem Taxi. Es fuhr, ohne abzubremsen, an ihnen vorbei.

Auf dem Weg zurück beklagte sich Alice über die Touristen, die die Altstadt verstopften, nur um ein paar hässliche Souvenirs zu kaufen. Sie hätten keine Ahnung von den Schätzen der Museen und der Schönheit der Architektur. Was man nicht weiß, erkennt man nicht, sagte sie. Du weißt ja nicht, was sie suchen, sagte Niklaus, irgendetwas werden sie davon haben, sonst würden sie nicht hierherreisen. Sie kommen, weil alle kommen, sagte Alice. Und wenn sie wieder zu Hause sind, erzählen sie, die Toiletten seien sauber gewesen oder schmutzig. Und das Essen preiswert oder teuer. Darauf reduziert sich ihr Leben, essen und ausscheiden. Sie lachte bitter. Du hast ja recht, sagte Niklaus. Er bereute es, den Ausflug vorgeschlagen zu haben.

Am nächsten Tag regnete es in Strömen. Alice und Niklaus lasen den ganzen Morgen. Als der Regen gegen Mittag aufhörte, gingen sie kurz an den Strand, aber der war voller lärmender Familien und Beachvolleyballspieler. Sie waren noch nicht lange da, als es wieder anfing zu regnen. Alice reichte Niklaus seinen Schirm und spannte ihren auf. Sie schauten den Badegästen zu, die hastig ihre Sachen zusammenräumten und lachend an ihnen vorbeirannten, um unter den Vordächern der Restaurants Schutz zu suchen. Geschieht ihnen recht, sagte Alice. Ihre Laune schien sich etwas gebessert zu haben.

Auf dem Weg zurück kauften sie im kleinen Lebensmittelladen an der Hauptstraße ein. Als sie wieder auf der Straße standen, machte Alice sich über die Leute lustig, die den Ladeninhaber in aller Selbstverständlichkeit auf Deutsch ansprachen und sich zu wundern schienen, dass er sie nicht verstand. Wenigstens die paar Worte könnten sie lernen, sagte sie, *pane* und *prosciutto* und Guten Tag und Danke.

Vor dem Nachbarhaus stand ein schwarzglänzender Offroader mit getönten Scheiben und einem Stuttgarter Kennzeichen. Der Laderaum war offen. Auf der Straße standen Koffer und Taschen, ein Kinderfahrrad und ein Dreirad. Ein Mann kam aus dem Haus auf sie zu. Alice grüßte auf Italienisch. Der Mann gab keine Antwort. Vielleicht hat er dich nicht gehört, sagte Niklaus, als sie durch den Garten zum Haus gingen. Alice zuckte mit den Schultern. Hoffentlich sind die Kinder auch so schweigsam.

Im Haus war es klamm, und es roch nach alten Möbeln und nach kaltem Zigarettenrauch. Es sollte verboten sein, in Ferienhäusern zu rauchen, sagte Alice. Wenn wenigstens der Kamin funktionieren würde, dann könnten wir ein Feuer machen. Sie holten die Steppdecken aus dem Schlafzimmer und verbrachten den Nachmittag lesend auf dem Sofa.

In den folgenden Tagen war kaum etwas von den neuen Nachbarn zu sehen. Das Wetter war gut, und wenn Alice und Niklaus auf der Terrasse vor dem Haus frühstückten, war der Geländewagen schon weg, und erst, wenn sie abends vom Nachtessen zurückkamen, stand er wieder da, und im Nachbarhaus war Licht. Die Frau und die Kinder hatten Alice und Niklaus noch nie gesehen. Vielleicht gibt es sie gar nicht, sagte Niklaus. Sie waren den ganzen Tag durch die Hügel im Landesinneren gefahren, auf der Suche nach Weingütern, und hatten ziemlich viel Wein eingekauft und Olivenöl. Als sie gegen fünf zurück zum Ferienhaus kamen, war der schwarze Wagen nicht da, aber im Garten des Nachbarhauses lag eine schöne junge Frau auf einem Liegestuhl. Sie trug einen knappen Bikini mit Blumenmuster und löste Sudokus. *Buona Sera*, sagte Alice, aber die Frau reagierte ebenso wenig wie vor einigen Tagen ihr Mann. Nachdem Niklaus und Alice sich frisch gemacht hatten, gingen sie ebenfalls in den Garten, um vor dem Abendessen noch ein wenig zu lesen. Kaum hatten sie sich hingesetzt, fuhr das Auto des Nachbarn vor, und der Mann und zwei kleine Kinder stiegen aus und gingen in den Garten. Niklaus sah, wie der Mann sich über die Frau im Liegestuhl beugte und ihr einen schnellen Kuss gab, dann verschwand er im Haus. Die Kinder begrüßten die Mutter nicht, sie waren schon streitend aus dem Wagen gestiegen und stritten sich weiter über eine Belanglosigkeit. Die Mutter schien nicht die Absicht zu haben, etwas gegen den Lärm zu unternehmen. Sie lag auf dem Liegestuhl und grübelte über ihren Rätseln. Einmal sagte sie mit gehässiger Stimme und in breitestem Schwäbisch, hört endlich auf, aber sie sah noch nicht einmal hoch dabei, und der Streit ging unvermindert weiter.

Alice ließ die Zeitung auf ihren Schoß sinken und hob den Kopf zum Himmel. Niklaus tat, als läse er. Nach einer Weile warf sie die Zeitung auf den Boden und verschwand im Haus. Niklaus wartete einen Moment, bevor er ihr folgte. Er fand sie im Wohnzimmer am Tisch sitzen und ins Leere starren. Er setzte sich ihr gegenüber und schaute sie an, aber sie senkte den Blick. Sie atmete heftig, und plötzlich fing sie an, wütend zu schluchzen. Niklaus ging um den Tisch herum und blieb hinter ihr stehen. Er wollte ihr die Hand auf die Schulter legen oder ihren Kopf streicheln, aber dann sagte er nur, stell dir vor, das wären unsere Kinder.

Alice hatte nie Kinder gewollt. Als Niklaus das herausgefunden hatte, war er erleichtert gewesen und hatte gemerkt, dass er nur aus Konvention davon ausgegangen war, irgendwann eine Familie zu haben. Wenn sie gelegentlich über das Thema sprachen, war es nur, um sich gegenseitig zu versichern, sie hätten die richtige Entscheidung getroffen. Vielleicht stimmt etwas nicht mit mir, sagte Alice dann mit selbstzufriedenem Gesicht, aber ich finde Kinder anstrengend und langweilig. Vielleicht fehlt mir ein Gen. Sie arbeiteten beide gerne und viel, Alice als Kundenberaterin in einer Bank, Niklaus als Ingenieur. Hätten sie Kinder gehabt, hätte einer von ihnen auf seine Karriere verzichten müssen, und dazu war keiner von ihnen bereit. Sie reisten in exotische Länder, hatten eine Trekking-Tour in Nepal gemacht und eine Kreuzfahrt in die Antarktis. Sie gingen oft ins Konzert oder ins Theater, und auch sonst waren sie viel unterwegs. Das alles wäre mit Kindern nicht möglich gewesen. Nur manchmal dachte Niklaus, dass eine Familie vielleicht nicht nur Unfreiheit bedeute, sondern auch Freiheit, dass er und Alice unabhängiger voneinander geworden wären, wenn erst ihre Liebe und später ihr Überdruss nicht so ausschließlich gewesen wäre.

Alice war als Einzelkind aufgewachsen, Niklaus' Geschwister waren alle kinderlos geblieben, so hatten

Alice und er fast nur Kontakt zu Erwachsenen. Waren Freunde von ihnen Eltern geworden, war der Kontakt meist bald abgebrochen. Kamen doch einmal Familien zu Besuch, waren Niklaus und Alice angespannt und ungeduldig und reagierten hilflos auf die Annäherungsversuche der Kinder. Dann schämte sich Niklaus. Er hatte es nie bedauert, keine Kinder zu haben, aber manchmal vermisste er es, nicht einmal den Wunsch verspürt zu haben.

Von nun an war die Familie aus Stuttgart oft im Garten. Die Hälfte der Zeit stritten sich die Kinder, wenn sie keinen Streit hatten, waren sie nicht weniger laut. Das Ältere war ein Mädchen von vielleicht sechs Jahren. Von Zeit zu Zeit stieß sie ohne ersichtlichen Grund schrille Schreie aus. Ihr Bruder war wohl halb so alt wie sie. Er konnte sich eine Viertelstunde lang damit vergnügen, mit irgendeinem Gegenstand auf einen anderen zu hauen. Er hörte erst auf, wenn der Vater ihn anschrie. Darauf keifte die Mutter ihren Mann an, und er gab mit lauter Stimme zurück. Ihr Dialekt machte die Sache nicht besser. Dann wieder sah Niklaus durch die Sträucher, die die beiden Grundstücke trennten, wie der Mann neben dem Liegestuhl der Frau im Gras saß und sie mit Sonnencrème einrieb. Sie hatte das Bikinioberteil ausgezogen, und er knetete an ihren Brüsten herum, ohne sich darum zu kümmern, ob jemand ihn sah. Irgendwann verschwanden die beiden, und eine Viertelstunde später hörte Niklaus, wie eins der Kinder an die Haustüre hämmerte und nach den Eltern schrie.

Alice hielt den Lärm nie länger als zehn Minuten aus. Nach einigen Tagen kehrte sie, wenn sie die Familie im Garten sah, gleich wieder um. Auch die Mahlzeiten nahmen sie, wenn sie nicht im Restaurant aßen, von nun an drinnen ein. Niklaus machte Vorschläge für Ausflüge, aber Alice lehnte alle ab. Sie war im Krieg und durfte ihr Territorium nicht verlassen. Warum sagst du nichts?, fragte sie. Niklaus machte ein ratloses Gesicht und breitete die Arme aus. Was soll ich sagen? Wenn sie draußen Musik hören würden oder nachts Lärm machen, dann könnte ich etwas unternehmen. Aber ich kann ihnen das Reden nicht verbieten. Und Kinder machen nun mal Lärm. Schlechte Erziehung ist nicht strafbar. Sie sind vulgär, sagte Alice, und Niklaus nickte nachdenklich.

Wenn Niklaus alleine auf der Terrasse saß, ertappte er sich dabei, wie er immer wieder in den Nachbargarten hinüberschaute. Die fremde Frau lag den ganzen Tag auf dem Liegestuhl und löste ihre Rätsel. Sie hatte angefangen, sich oben ohne zu sonnen. Ihre Brüste waren klein und fest und erinnerten Niklaus an jene der Frauen auf Gauguins Bildern aus Polynesien. Er hatte das unstillbare Verlangen, hinüberzugehen und sie zu berühren.

Manchmal ging der Mann mit den Kindern an den Strand, und Niklaus schlenderte unruhig auf dem Grundstück herum und stellte sich vor, wie er mit der Frau ins Gespräch kommen würde. Er machte eine beiläufige Bemerkung, sie fragte, woher er komme. Ach, die Schweiz, da fahren wir immer nur durch. Dann fiel ihr ein, dass sie noch die Wäsche aufhängen musste. Sie zog das Bikinioberteil an, und er folgte ihr ins Haus, wo es kühl war und still. Sie schaute ihm lange in die Augen. Komm, sagte sie und nahm ihn bei der Hand.

Als Niklaus sich umdrehte, sah er Alice am Fenster stehen. Sie schien ihn zu beobachten. Er ging ins Haus. Alice hatte sich nicht gerührt, sie stand am Fenster und schaute hinaus, als wäre er noch immer da. Er legte ihr eine Hand auf die Schulter, sie wollte sie abschütteln, aber er ließ es nicht zu, drehte sie zu sich und küsste sie auf den Mund. Es dauerte eine Weile, bis Alice seinen Kuss erwiderte, und nach kurzer Zeit machte sie sich los und sagte mit einem spöttischen Lacher, die Wäsche müsste fertig sein. Niklaus folgte ihr in den Abstellraum neben der Küche, wo die Waschmaschine stand und schaute zu, wie sie die Sachen aus der Maschine nahm und jedes Teil ausschüttelte. Er ging hinter ihr her in den Garten und half ihr, die nassen Kleider aufzuhängen. Die Unterwäsche sortierte sie aus und hängte sie drinnen über den kleinen Wäscheständer, wie sie es auch zu Hause tat. Ich habe das Gefühl, die Sachen werden hier nie ganz trocken, sagte sie. Ihre Stimme klang weicher als sonst. Das macht die hohe Luftfeuchtigkeit, sagte Niklaus. Und richtig sauber werden sie auch nicht, sagte Alice. Diesmal wehrte sie sich nicht, als Niklaus sie küsste.

Sie lagen schweigend nebeneinander. Alice hatte sich mit dem Leintuch zugedeckt, obwohl es heiß war. Sie schaute an die Decke. Ihr Gesichtsausdruck wechselte dauernd, es war wie ein Flackern verschiedenster Gefühle, Erstaunen, Spott, Zärtlichkeit, Trauer. Sie schien sich für keines entscheiden zu wollen. Niklaus steckte die Hand unter die Decke und streichelte ihre Brüste, die mit dem Alter voller geworden waren und weich wie Samt. Sie hatten seit Ewigkeiten nicht miteinander geschlafen, er konnte sich an das letzte Mal nicht erinnern. Wenn man denkt, sagte er und fuhr nicht fort. Alice drehte den Kopf kurz zu ihm, lächelte zärtlich und schaute wieder weg. Er wollte etwas sagen über das, was geschehen war, wollte die Nähe der letzten halben Stunde herüberretten in den Tag, der vor ihnen lag, aber schließlich fragte er nur, worauf Alice Lust habe. Wollen wir irgendwohin fahren? Sie sagte, sie habe Hunger, aber es war Niklaus, als hätte sie gesagt, es war schön mit dir. Wir sind immer noch ein Paar. Es ist gut. Wir könnten in der Stadt essen, sagte er. Nein, sagte Alice, ich brauche sofort etwas, mir ist schon ganz flau. Sie atmete tief und stand auf. Einen Moment lang blieb sie neben dem Bett stehen und schaute auf Niklaus herunter. Er mochte es, so vor ihr zu liegen, schlaff und nackt und ausgeliefert. Alice machte oft Bemerkungen über sein Gewicht, er wusste, dass sie schlanke Männer mochte, aber ihr Blick war wieder zärtlich. Ich stelle mich nur schnell unter die Dusche, sagte sie. Auch Niklaus stand auf. Von draußen hörte er Rufe. Er trat ans Fenster und sah die Familie aus Stuttgart, die sich offenbar auf den Weg zum Strand machte, beladen mit Taschen, aufblasbarem Spielzeug und einer Kühlbox. Alle vier trugen bunte Cloggs und lächerliche Sonnenbrillen, die Mutter hatte ein kurzes Wickelkleid angezogen, der Vater Shorts und ein T-Shirt, auf dem in großer Schrift *Baywatch* stand.

Am Nachmittag machten Alice und Niklaus zum ersten Mal seit fast einer Woche wieder einen Ausflug. Sie fuhren ins Naturschutzgebiet, nicht weit vom Feriendorf entfernt. Als sie schon fast da waren, merkte Alice, dass sie den Feldstecher vergessen hatte, und sie kehrten noch einmal um.

Nur wenige der Parkplätze beim Besucherzentrum waren besetzt. Bei dieser Hitze war alles am Strand, niemand außer ihnen dachte daran, Vögel zu beobachten. Niklaus und Alice gingen einen staubigen Kiesweg entlang, der zwischen Büschen und einem kleinen Rinnsal gegen den Wald führte. Niklaus fühlte sich müde vom Mittagessen, und er schwitzte, aber er war guter Stimmung und pfiff vor sich hin. Alice sagte nicht viel, nicht einmal über die Hitze beklagte sie sich. Nach einer Weile kamen sie in den Wald, in dem es kaum kühler war als auf dem freien Land. Niklaus hielt immer wieder an und schaute auf den Plan des Naturparks, den er im Ferienhaus gefunden hatte. Wenn wir immer in diese Richtung gehen, sollten wir in einer guten halben Stunde am Meer sein, sagte er.

Es dauerte fast eine Stunde, bis sie endlich an den Strand kamen. Alice machte nur ein paar ironische Bemerkungen über Niklaus' Orientierungssinn. Sie hatte gelesen, im Park gebe es Nachtigallen, aber sie hatten nur einen Mäusebussard gesehen und in einem Tümpel einige Graureiher und Blässhühner.

Im Sand lag viel Schwemmholz, dicke Äste, manchmal halbe Bäume, die glattgeschliffen waren von der Witterung und silbern gebleicht von der Sonne. Alice zog die Schuhe aus und ging barfuß weiter den Strand entlang. Willst du baden?, fragte

Niklaus. Alice schaute ihn fragend an. Es kommt bestimmt niemand, sagte er.

Hastig zogen sie sich aus und rannten ins Wasser. Sie waren beide aufgeregt und schauten immer wieder zurück zum Ufer. Stell dir vor, jemand stiehlt unsere Kleider, sagte Niklaus. Dann müssen wir im Wald bleiben, sagte Alice, und Beeren sammeln und Wildschweine jagen. Und ich schleiche mich nachts auf die Bauernhöfe, sagte Niklaus, und stehle Eier und eine Flasche Wein.

Nach dem Baden legten sie sich in die Sonne, um zu trocknen, und danach wischten sie sich gegenseitig den Sand von den Körpern. Alice musste lachen, als sie sah, dass Niklaus eine Erektion bekam. Das nicht auch noch, sagte sie. Sie ließ ihre Hand einen Moment lang auf seinem Oberschenkel liegen, als denke sie nach, dann stand sie auf und zog sich an.

Es dämmerte, als sie wieder zum Besucherzentrum kamen, ihr Wagen war der letzte auf dem Parkplatz. Da sie keine Lust hatten zu kochen, beschlossen sie, in der Stadt zu essen. Sie waren erst gegen Mitternacht zurück. Im Nachbarhaus war noch Licht.

Am nächsten Tag frühstückten Alice und Niklaus draußen. Von nebenan war nichts zu hören. Sie lasen den ganzen Morgen über. Es blieb still. Der Geländewagen stand auf der Straße, also mussten die Nachbarn da sein, aber sie kamen nicht in den Garten, auch am Nachmittag nicht. Vielleicht hat jemand sich beschwert, sagte Alice, oder sie haben etwas Falsches gegessen und liegen alle mit Bauchschmerzen im Bett. Die Ruhe schien ihr nicht recht geheuer, sie schaute immer wieder von ihrem Buch auf. Sei doch froh, sagte Niklaus. Ich habe ja nicht gesagt, sie müssen sich im Haus einsperren, sagte Alice, natürlich müssen Kinder sich austoben. Es ist alles eine Frage des Maßes. Einmal betrat ein Mann im Anzug das Grundstück und verschwand im Haus, kurz darauf ging er wieder. Später kam ein anderer Mann, aber auch er blieb nicht lange.

So müsste es immer sein, sagte Alice, als es auch am nächsten Tag ruhig blieb. Sie saßen draußen und spielten Scrabble. Alice hatte den Duden von zu Hause mitgenommen, damit sie bei allfälligen Unstimmigkeiten ein Wort hätten nachschlagen können, aber dazu kam es nicht. Sie schienen beide nicht recht konzentriert. Einmal sah Niklaus jemanden am Fenster des Nachbarhauses vorbeigehen, er konnte nicht erkennen, wer es war. Ich muss dauernd an sie denken, sagte Alice, der Lärm hat mich fast weniger gestört. Dem konnte man wenigstens ausweichen.

Am späten Nachmittag gingen sie an den Strand. Sie cremten sich gegenseitig den Rücken ein, und Niklaus war es, als würde Alice ihn anders berühren, seit sie miteinander geschlafen hatten, nicht zärtlicher, aber aufmerksamer. Auch er nahm sich mehr Zeit und merkte, wie Alice es genoss, als er mit den Fingerkuppen an ihrem Rückgrat und ihren Schulterblättern entlangfuhr. Jetzt sind es doch noch schöne Ferien geworden, sagte sie. Eine Woche schlechtes Wetter, eine Woche gutes Wetter, sagte Niklaus, ich glaube, wir können uns nicht beklagen. Brauchen wir noch etwas? Brot und Rohschinken, sagte Alice, Käse haben wir noch. Und etwas für morgen. Ich habe Lust, mal wieder selbst zu kochen. Hast du Geld dabei?

Der Ladeninhaber, der sie sonst immer überschwänglich begrüßt hatte, nickte ihnen nur zu und murmelte etwas. Was ist dem für eine Laus über die Leber gelaufen, sagte Alice und füllte den Einkaufskorb. Oliven?, fragte sie und hielt ein Glas mit schwarzen Oliven in die Höhe. Niklaus nickte und ging zum Weinregal, um die Preise zu studieren und sie mit jenen zu vergleichen, die sie bei den Winzern bezahlt hatten. Als er sich umdrehte, sah er Alice an der Fleisch- und Käsetheke stehen. Der Ladeninhaber redete auf sie ein. Niklaus trat vor das Geschäft und las die Schlagzeilen der deutschen Zeitungen im Ständer. Kurz darauf kam Alice mit verstörtem Gesicht aus dem Geschäft. Sie ging weiter, ohne sich nach ihm umzusehen. Mit ein paar schnellen Schritten holte er sie ein und fragte, was los sei. Sie blieb abrupt stehen. Der Junge ist tot, sagte sie, der Vater hat ihn überfahren. Er hat auf der Straße wenden wollen und das Kind dabei übersehen. Schweigend gingen sie zurück zum Ferienhaus. Niklaus räumte die Sachen ein, Alice stand an den Küchentisch gelehnt und schaute ihm zu. Was sollen wir tun?, fragte sie, als er fertig war. Wir können nichts tun, sagte Niklaus, wir wissen ja nicht mal, wie sie heißen. Wir könnten fragen, ob sie etwas brauchen, sagte Alice. Es muss passiert sein, als wir im Naturschutzgebiet waren. Der Ladeninhaber hat erzählt, der Schrei des Vaters sei in der ganzen Feriensiedlung zu hören gewesen. Ich bin froh, dass wir nicht hier waren, sagte Niklaus und kam sich feige vor. An diesem Abend aßen sie stehend in der Küche.

Als Niklaus erwachte, dämmerte es. Er schaute auf die Uhr, es war kurz nach fünf. Alice lag nicht neben ihm. Er stand auf und fand sie im Wohnzimmer. Sie hatte kein Licht gemacht und stand im Nachthemd am Fenster. Als er eintrat, drehte sie sich kurz zu ihm um und schaute dann wieder hinaus. Er trat hinter sie und legte ihr die Hände auf die Schultern. Eine Weile lang standen sie schweigend da, dann sagte Alice, sie gehen. Jetzt erst schaute auch Niklaus hinaus und sah, dass die Heckklappe des schwarzen Wagens geöffnet war. Schau, sagte Alice, und Niklaus sah den Mann aus Stuttgart durch den Garten gehen, in der Hand einen Koffer, der sehr schwer zu sein schien. Gemeinsam schauten sie zu, wie er noch ein paarmal hin und her ging. Zuletzt trug er das beschädigte Dreirad zum Wagen. Er fand keinen Platz dafür und nahm einen Teil der bereits verstauten Sachen noch einmal heraus, schaute ratlos alles an und räumte es wieder ein. Dann ging er zurück ins Haus.

Vielleicht habe ich deshalb nie Kinder gewollt, sagte Alice sehr leise. Aus Angst, sie zu verlieren. Wir werden uns auch irgendwann verlieren, sagte Niklaus. Das ist nicht dasselbe, sagte Alice, das ist der Lauf der Dinge.

Niklaus ging in die Küche, um Kaffee zu machen. Da hörte er, wie Alice ihn rief. Er ging zu ihr und legte den Arm um ihre schmalen Schultern. Jetzt!, flüsterte sie atemlos, als geschehe etwas lange Erwartetes, und zeigte aus dem Fenster. Der Mann war wieder aus dem Haus getreten, er stützte die Frau, die mit hängenden Schultern und gesenktem Kopf neben ihm ging und die Tochter an der Hand führte. Über ihren Sommerkleidern trug die Frau einen dicken Wollpullover. Der Mann führte sie zum Wagen und half ihr beim Einsteigen wie einer Behinderten oder einer alten Frau. Das kleine Mädchen war neben der hinteren Tür stehen geblieben, bis der Vater zu ihm kam, auch ihm half und es sorgfältig auf dem Kindersitz festschnallte. Schließlich stieg er selber ein. Durch die Scheibe war zu hören, wie der Motor startete, die Scheinwerfer flammten auf, und der Wagen rollte sehr langsam davon.

Aus der Küche drang das Zischen des Kaffeekochers, aber Niklaus beachtete es nicht. Er streifte seine Pyjamahose ab und zog Alice an den Hüften gegen sich. Hastig hob er ihr Nachthemd hoch und griff mit einer Hand zwischen ihre Beine. Sie liebten sich im Stehen, heftiger als vor ein paar Tagen. Alice sagte kein Wort, er hörte kaum ihren Atem.

Das Mahl des Herrn

REINHOLD STAND AM FENSTER und schaute hinaus. Unten auf der Straße gingen ein paar Männer vorbei, und er trat instinktiv einen Schritt zurück. Wenn er ehrlich war, fürchtete er sich vor den Menschen hier, vor ihrer launischen Art und ihrer Verstocktheit. Ihre grobe Sprache stieß ihn ab, und ihr Lachen war ihm unheimlich. Sein Vorgänger war wie sie gewesen, ein ungeschlachter lauter Mensch, der am Sonnabend mit seiner Gemeinde trank und ihr am Sonntag ins Gewissen redete.

Als Reinhold die Stelle vor einem Jahr angetreten hatte, war er voller Tatendrang gewesen. Er hatte sich auf den Bodensee gefreut und hatte gedacht, die Menschen seien offener im Süden. Aber er hatte sich getäuscht. Und was er auch angefangen hatte, es war ihm misslungen. Alles Mögliche wurde ihm vorgeworfen, dass er beim Abendmahl Brot statt Oblaten verwendete, Traubensaft statt Wein, überhaupt dass er den Gottesdienst nicht so feiere, wie man es gewohnt sei. Es hieß, er kümmere sich zu wenig um die Alten, und dass er sich von den Konfirmanden duzen ließe, sei auch nicht recht. Es waren lauter Kleinlichkeiten. Mit der Organistin hatte er es sich verdorben, weil seine Frau ein paarmal Gitarre gespielt hatte im Gottesdienst, mit dem Mesner, weil er die Abrechnungen etwas zu genau kontrollierte.

Reinhold zog die Gardinen zu und ging ins Wohnzimmer. Brigitte schaute fern. Er hatte aufgehört, ihr von seinen Problemen zu erzählen, sie hatte es selbst schwer genug, sich einzuleben, sich in der Rolle der Frau Pfarrer zurechtzufinden, die sie nie hatte spielen wollen. Er setzte sich neben sie aufs Sofa. Im Fernseher war ein kleiner Junge zu sehen, der behauptete, er könne die Buchstaben einer Buchstabensuppe nur mit dem Mund entziffern. Brigitte lachte. Ist er nicht süß? Reinhold sagte nichts, er wusste, woran sie dachte.

Er lag im Dunkeln und konnte nicht einschlafen. Aus dem Wohnzimmer hörte er den Fernseher. Er fragte sich, was er falsch gemacht habe. Er hatte das Gespräch gesucht, hatte sich erklärt und teilweise nachgegeben. Aber das schien die Menschen hier nur noch mehr gegen ihn aufzubringen. Er hatte nicht mehr die Kraft zu kämpfen, hatte kaum noch die

Kraft, seine Arbeit zu machen. Früher war der Sonntagsgottesdienst der Höhepunkt seiner Woche gewesen, jetzt graute ihm vor den verschlossenen Gesichtern, vor dem kalten Schweigen, mit dem die Gemeinde ihn empfing. Wenn er in der Bibel las, sprachen die Texte nicht mehr zu ihm, und wenn er auf der Kanzel stand, empfand er nichts als Gleichgültigkeit. Schon zweimal war der Gottesdienst ausgefallen, weil er mit Krämpfen im Bett lag.

Der Wecker klingelte um sieben, Brigitte musste vergessen haben, ihn für Sonntag zu stellen. Als Reinhold sich über sie beugte, um ihn auszuschalten, erwachte sie. Sie fragte, ob es ihm etwas ausmache, wenn sie heute nicht zum Gottesdienst kommen würde? Sie fühle sich nicht wohl.

Reinhold fröstelte, als er im Bad den Pyjama auszog. Aus den Augenwinkeln sah er die Spiegelung seines bleichen kraftlosen Körpers. Schnell wandte er sich ab und stellte sich unter die Dusche. Beim Kaffee ging er die Predigt noch einmal durch. Er würde über Römer 9 sprechen. Ja freilich, o Mensch, wer bist du, der du das Wort nimmst gegen Gott? Wird etwa das Geformte zu dem Former sagen: Warum hast du mich so gemacht?

Dann, viel zu früh, machte er sich auf den Weg. Draußen war es feucht und kalt. Seit Wochen lag dicker Nebel über der Gegend, und es hieß, bis zum Frühling werde das so bleiben. Niemand war unterwegs um diese Zeit, nur ein paar zerzauste Möwen stöberten in den überquellenden Mülleimern der kleinen Fußgängerzone. Die Kirche war noch abgeschlossen. Reinhold war froh, niemandem zu begegnen. Er ging durch das dunkle Kirchenschiff in die Sakristei. In der engen Kammer gab es einen Elektroofen, trotzdem war sie so kalt, dass sein Atem dampfte. Reinhold zog den Talar an und las das Gebet von Martin Luther, das einer seiner Vorgänger an der Tür des Kleiderschranks angebracht haben musste. Herr Gott, lieber Vater im Himmel, ich bin wohl unwürdig des Amtes und Dienstes, darin ich Deine Ehre verkündigen und der Gemeinde pflegen und warten soll. Aber Reinhold fühlte sich nicht einmal unwürdig. Er saß da und brütete vor sich hin, bis er irgendwann die Kirchentür zufallen hörte und kurz darauf ein paar schiefe Töne von der Orgel. Schon seit längerem kommunizierte er mit der Organistin nur noch per Mail, der Mesner tat seinen Dienst wortlos und ohne ihn anzuschauen. Reinholds Hände waren steif vor Kälte. Er begann hin und her zu gehen, um seinen Kreislauf wieder in Gang zu bringen. Sein Vorgänger hatte die Gemeindemitglieder jeweils an der Tür begrüßt, aber Reinhold brauchte diese Momente der Stille und betrat das Kirchenschiff erst während des Vorspiels. Auch das nahm man ihm übel.

Als er die Orgel hörte, räusperte er sich, zupfte an seinem Talar und trat aus der Sakristei. Mit gesenktem Blick und schnellen Schritten ging er zu seinem Stuhl unter der Kanzel und setzte sich so, dass die Gemeinde ihn im Profil sehen konnte. Als die Orgel verstummte, wartete er einen Moment, bis das letzte Echo erstorben war, dann stand er auf und trat hinter den Opfertisch, auf dem zwischen zwei brennenden Kerzen Brot und Traubensaft bereitstanden. Die Kirche war leer.

Es dauerte einen Moment, bis Reinhold es begriffen hatte. Niemand war zum Gottesdienst gekommen. Nur der Mesner stand neben dem Eingang am Mischpult, und oben auf der Empore saß die Organistin mit dem Rücken zu ihm. Er war sicher, dass sie ihn durch den kleinen Spiegel beobachtete, der an der Orgel angebracht war. Er atmete einmal tief ein und aus, dann sagte er, Friede sei mit euch. Wir erheben uns zum Gebet. Er zögerte, als würde er darauf warten, dass jemand aufstehen würde, dann sprach er das Gebet wie an jedem Sonntag. Amen, hörte er sich sagen, wir singen Lied Nummer 127, Strophen eins bis drei. Kaum hatte er den Satz beendet, fing die Organistin an zu spielen, ihr schmaler Rücken und ihr Kopf bewegten sich voller Emphase, aber ihr Spiel war ohne Gefühl und ohne Liebe. Der Mesner stand da und hielt das Gesangbuch mit beiden Händen fest, ohne es zu öffnen. Liebster Jesu, wir sind hier, dich und dein Wort anzuhören. Reinhold sang laut, seine Stimme klang brüchig. Wenn wenigstens Brigitte hier wäre, dachte er, aber vielleicht war es besser, dass sie seine endgültige Niederlage nicht miterlebte.

Nach der zweiten Strophe brach die Orgel plötzlich ab, und Reinhold sah, wie die Organistin aufstand und wegging. Jetzt war nur noch seine Stimme zu hören und die Schritte der Organistin, die hastig und ohne sich um den Lärm zu kümmern, die enge Treppe von der Empore heruntersteig. Sie blieb kurz beim Mesner stehen und flüsterte ihm etwas zu, dann schlüpfte sie in den Mantel, den sie über dem Arm getragen hatte, und verließ die Kirche. Der Mesner folgte ihr hinaus, und die Tür schlug mit einem lauten Knall zu.

Unser Bitten, Flehn und Singen lass, Herr Jesu, wohl gelingen. Die letzten Worte verhallten im leeren Raum. Reinhold wartete, bis es ganz still war, dann blätterte er in der großen Bibel bis zur Stelle dieses Sonntags und begann, den Brief an die Römer zu lesen. Ich sage die Wahrheit in Christus, ich lüge nicht. Er stockte, musste husten. Er nahm einen Schluck Traubensaft aus dem Abendmahlskelch und fuhr fort. Ich habe große Trauer und unaufhörliches

Leid in meinem Herzen. Ich wollte nämlich, ich könnte selber ein Ausgeschlossener sein.

Er hatte über das Verhältnis zwischen Juden und Christen sprechen wollen, über die Entwicklung im Nahen Osten und über Streit und Versöhnung, aber jetzt kam es ihm vor, als müsste er wie der Junge gestern im Fernsehen jedes Wort, jeden Buchstaben mühsam entziffern. Nach der Lesung betete und sang er noch einmal. Dann rief er, so laut er konnte, wir sind alle eingeladen zum Mahl des Herrn. Und plötzlich war es ihm, als sähe er die Kirche voller Menschen, voll der Schatten jener, die hier seit Hunderten von Jahren das Abendmahl gefeiert hatten, die hier getauft und getraut und im Tod begleitet worden waren. Sie erhoben sich, kamen auf ihn zu, und er reichte ihnen das Brot und den Wein, ein nicht endender Zug von Menschen. In diesem Moment fiel helles Sonnenlicht durch die farbigen Fenster der Kirche, und der Raum verwandelte sich, es war eine Explosion von Schatten und Licht. Das Kirchgestühl knackte, und die Orgel hallte, es klang wie ein mächtiges Atmen, ein Erwachen nach langem Schlaf.

Reinhold fühlte, wie ihm das Blut in den Kopf schoss. Er nahm den Korb mit dem Brot und ging den Mittelgang entlang und aus der Kirche hinaus. Der Nebel hatte begonnen sich aufzulösen, an einigen Stellen war schon der blaue Himmel zu sehen und im

Osten die Sonne, die die Welt erstrahlen ließ, als wäre sie neu gemacht. Auf dem Vorplatz standen einige Gemeindemitglieder in kleinen Gruppen zusammen. Sie schienen auf ihn gewartet zu haben, vielleicht hatte die Organistin oder der Mesner, die bei ihnen standen, sie alarmiert. Sogar Brigitte war da.

Reinhold ging auf sie zu und hob den Korb in die Höhe. Das Brot des Lebens, rief er. Die Menschen starrten ihn feindselig an und wichen vor ihm zurück. Dann hörte Reinhold ein Kreischen und sah, als er den Kopf hob, eine Möwe über sich, die stillzustehen schien in der Luft. Er nahm ein Stück Brot aus dem Korb und warf es in die Höhe, und mit einer winzigen Flügelbewegung kippte die Möwe vornüber und fing das Brot im Flug. So nah flog sie an seinem Kopf vorbei, dass er den Luftzug ihrer Flügel zu spüren meinte. Und plötzlich war er von einem Schwarm Möwen umgeben. Er warf mit dem Brot um sich, schließlich holte er aus und leerte den ganzen Korb mit einem Schwung. Wir sind alle eingeladen, rief er ausgelassen. Die Schreie der Vögel klangen wie irres Lachen, und auch Reinhold musste lachen, konnte nicht aufhören zu lachen, denn nach vielen dunklen Wochen sah er endlich das Licht.

Im Wald

> Wenn er nämlich wahrhaft gelebt hat,
> kann das nur in fernen Landen gewesen sein.
> *Henry D. Thoreau*

DER JÄGER MUSS SEHR FRÜH am Morgen kommen. Wenn Anja erwacht, ist er immer schon da. Er ist so weit entfernt, dass sie ihn nur undeutlich sieht, und er bewegt sich kaum, trotzdem ist es ihr, als kennte sie ihn, als wäre sie ihm nah. Den ganzen Tag lang denkt sie an ihn. Wenn sie abends in ihrem Schlafsack liegt, stellt sie sich vor, wie er sich in der Nacht ihrem Lager nähert, sie beobachtet, während sie schläft. Sein Blick ist ruhig und freundlich. Er nimmt ihre Kleider in die Hand, riecht an ihnen, als würde er ihre Fährte aufnehmen wollen. Dann entfernt er sich leise, steigt auf den Hochsitz und wartet.

Noch bevor die Sonne Anja erreicht, wecken sie die Vögel, die laut durcheinanderschreien. Sie bleibt noch eine Weile liegen, schielt verstohlen zum Hochsitz hinüber und sieht den Jäger dort sitzen, und ihr Herz beginnt schneller zu schlagen. Sie lässt sich jetzt mehr Zeit am Morgen und riskiert, zu spät zur Schule zu kommen. Sie merkt, wie sie sich bewusster bewegt, und sie empfindet die Schönheit und die Frische ihres Körpers, als würde sie sich selbst beobachten und nicht er. Sie trägt nur Unterwäsche, aber sie hat es nicht eilig, sich anzuziehen. Sie streckt sich ausgiebig, kämmt sich das Haar, kauert sich nieder, um ihre Hände am Tau zu netzen, und schaut sich um, als sähe sie den Wald zum ersten Mal. Sie summt ein Lied, fragt sich, ob der Jäger es hören könne. Es ist ein scheues Werben. Dabei weiß Anja, sie würde davonrennen, wenn er den Stand verlassen und sich ihr auch nur einen Schritt nähern würde.

Ich habe im Wald gelebt, drei Jahre lang, mehr sagte Anja zu diesem Thema auch später nicht. Es war kein Geheimnis, sogar die Kinder wussten es, aber im Gegensatz zu ihnen stellten die Erwachsenen Fragen, die Anja nicht beantworten wollte, nicht beantworten konnte. Schon der Schulpsychologe hatte diese Fragen gestellt, damals, nachdem sie entdeckt worden war. Warum? Die Antwort gaben andere für sie: Das Elternhaus zerrüttet, der Vater und die Mutter Alkoholiker und gewalttätig, beide oft tagelang nicht auffindbar. Nein, hatte Anja gesagt, mit meinen Eltern hat es nichts zu tun. Niemand verstand, dass sie nicht vor etwas weggelaufen war, sondern auf etwas zu.

Wenn sie vom Küchenfenster aus zum bewaldeten Hügel jenseits der Autobahn schaute, empfand sie nichts. Man nahm den Wald nur wahr, wenn man sich in ihm befand. Gerade das machte ihn ja so besonders, dass man ihn betreten konnte wie einen Raum und dass man ihn nur dann erfasste und von ihm erfasst wurde. Sie ging heute nicht mehr oft in den Wald, auch das verstanden viele nicht, die ihre Geschichte kannten und die sie für eine Art Waldwesen hielten. Sie sammelte keine Pilze, beobachtete keine Vögel oder andere Tiere, sie kannte die Namen der Bäume nicht besser als irgendwer. Und sie gehörte nicht zu den Leuten, die sich wegen jedes gefällten Baums ereiferten. Im Gegenteil, es war wie eine Erlösung zu sehen, wie die Menschen den Wald beherrschten, der ihr manchmal wie eine Krankheit vorkam, etwas Wucherndes, Unberechenbares. Nur das Geräusch der Motorsägen machte ihr bis heute Angst, weil es damals die Gefahr der Entdeckung bedeutet hatte. Die Wege der Holzfäller waren unberechenbarer als jene der Spaziergänger, der Jogger, selbst der Jäger, die ihre festen Ansitze hatten, an die sie so nah wie möglich mit dem Auto heranfuhren. Aber mit der Zeit merkte Anja, dass auch die Holzfäller nicht ohne Plan vorgingen und sich den Wald gebietsweise vornahmen. Ein- oder zweimal musste sie sich deswegen ein neues Lager einrichten, das war ärgerlich, aber nicht bedrohlich.

Das alles war zwanzig Jahre her, inzwischen hatte sie eine Ausbildung zur Buchhändlerin gemacht, hatte gearbeitet, geheiratet, zwei Kinder bekommen. Was ihr von damals geblieben war, waren Erinnerungen und eine Empfindlichkeit, eine Aufmerksamkeit, die Marco mit Nervosität verwechselte.

Immer hatte Anja versucht, jemanden einzuholen, ihre Eltern, ihre Schulkameraden, Traumfiguren, die sie nicht kannte und die ihr dennoch vertraut erschienen. Es war immer eine Flucht auf die Menschen zu, in der festen Gewissheit, sie nicht erreichen zu können. Anja wollte schneller gehen, aber es war, als wären ihre Glieder unendlich schwer, die Luft eine zähe Masse, die jede Bewegung zu einer Kraftanstrengung werden ließ. Sie versuchte sich zu befreien, dadurch wurden die unsichtbaren Fesseln nur noch enger. Dann erwachte sie, ihre Stirn war heiß, ihr Pyjama schweißnass. Das Geschrei hatte sie geweckt, es war zwei Uhr früh. Anja zog den Kopf unter die Decke, aber sie hörte die Schreie immer noch, hörte Dinge umfallen, das Knallen der Haustür. Oft war am Morgen niemand außer ihr in der Wohnung. Die Tür stand offen. Auf dem Boden lag, was in der Nacht zu Bruch gegangen war, ein Stillleben der Zerstörung.

Die Schule war der einzig sichere Ort. Am liebsten war Anja im Physiklabor im Untergeschoss, wo es immer etwas schummrig war und nach Metall roch, oder in der Bibliothek, zwischen den engstehenden Regalen voller vergangener Zeit. Wenn die Bibliothek zumachte, trieb sie sich auf dem Schulgelände herum, bis es dunkel wurde. Am schlimmsten waren nicht die Schläge oder die Schreie. Am schlimmsten war es, nach Hause zu kommen, und niemand war da. Die Erwartung, das Wissen, sie würden irgendwann kommen in der Nacht.

Man darf nichts erwarten, nur so hält man durch. Geduld reicht nicht, weil nichts geschieht. Im Wald gibt es keine Zukunft und keine Vergangenheit, alles findet im Moment statt oder über Zeiträume, die nicht in Jahren gemessen werden können. Manchmal stellt Anja sich vor, wie es gewesen ist, als das ganze Land von Wald bedeckt war. Dann steigt sie auf den Aussichtsturm, schaut auf die Stadt hinunter und sieht nur Bäume. Sie sieht die Bäume in den Parks und in den Gärten und entlang der Straßen, Boten aus einer vergangenen, einer zukünftigen Zeit, und alles, was dazwischen ist, verliert seine Selbstverständlichkeit und seine Bedeutung. Selbst die Altstadt, die Häuser, die viele hundert Jahre alt sind, scheinen ihr nicht weniger provisorisch als ihr Verschlag aus Ästen und Planen.

Irgendwann wird das Eis wiederkommen und alles

wegwischen, was die Menschen gebaut und geschaffen haben. Jahrtausende lang werden die Gletscher über dem Land liegen, kilometerdicke Eisströme, und wenn sie sich zurückziehen, wird die Landschaft neu geformt werden, Flüsse werden entstehen und Täler, die Moränen werden Hügelketten bilden, riesige Schuttberge, die bald von ersten Pionierpflanzen besiedelt werden. Auf dem Humus werden Bäume wachsen, ein schütterer Wald, dann ein dichterer. Tiere werden aus dem Süden über die Berge kommen, Insekten, Vögel, Rot- und Schwarzwild und mit ihnen die Jäger, Füchse und Wölfe, der Luchs und dann der erste Mensch. Und es wird sein, als sei nichts geschehen.

Sie joggten durch ein Wohnviertel, vorbei an kleinen Einfamilienhäusern. In den Gärten arbeiteten Menschen, Spaziergänger mit Hunden waren unterwegs, auf der Straße spielten Kinder. Der Sportlehrer war weit voraus, zusammen mit den Schnellsten. Etwas dahinter lief der Pulk der Klasse, gefolgt von drei, vier langsameren Mädchen, den Übergewichtigen und den Unmotivierten, denen alles egal war. Anja lief zuhinterst. Sie strengte sich an, wollte schneller laufen, aber ihre Beine fühlten sich an wie aus Blei.

Als sie den Waldrand erreichte, waren die anderen nicht mehr zu sehen. Nach ein paar hundert Metern auf einem schmalen Pfad gelangte sie auf eine ungeteerte Waldstraße, die in gerader Linie aufwärts führte. Weit vor sich sah sie die anderen, sie hörte aus der Entfernung ihre Schritte auf dem Kies, ihr Rufen und Lachen. Anja hielt an. Ihr Atem ging heftig, und sie hatte Seitenstechen. Ihr T-Shirt war verschwitzt, jetzt, wo sie stillstand, fröstelte sie. Sie beugte sich vornüber, atmete ein paarmal tief durch und ging dann langsam weiter. Die anderen verschwanden hinter einer Biegung, und es wurde still.

Etwas hat sich verändert. Es kommt Anja vor, als nähme sie den Wald zum ersten Mal bewusst wahr, als wendete der Wald sich ihr zu. Ihre Gedanken scheinen stillzustehen und mit ihnen die Zeit, und alles verbindet sich mit ihr, wird zu einem einzigen, wunderschönen Gefühl, das Licht, die Gerüche, die vereinzelten Geräusche, die die plötzliche Stille noch intensiver machen. Sie steht da und beobachtet das Spiel des Lichts, das durch die Baumkronen dringt. Sie berührt den Stamm einer Buche, ihre kühle silberne Rinde. Später ruft sie sich diesen Moment immer wieder in Erinnerung, wenn sie versucht ist, aufzugeben und zurückzukehren in die Wohnung der Eltern. Und dann steht die Zeit wieder still, und alles wird gleichgültig, und sie hält die Nacht durch, die Woche, das Jahr.

Sie hatte erwartet, die Klasse würde denselben Weg zurücknehmen wie immer, aber niemand kam ihr entgegen, und als sie schließlich den Aussichtsturm erreichte, war keiner da. Sie stieg auf den Turm und schaute über den Wald und hinunter zur Stadt, wo schon die ersten Lichter brannten.

Am nächsten Tag fragte Michaela, wo Anja geblieben sei. Ich habe dem Lehrer gesagt, du hättest dich nicht wohl gefühlt und wärst nach Hause gegangen. Danke, sagte Anja. Sie war wirklich daheim gewesen. Ihre Eltern waren nicht da, und sie packte ein paar Sachen in einen Rucksack, Kleider und Bücher, Lebensmittel und den Schlafsack, und ging.

Es war ihre erste Nacht im Wald. Sie fürchtete sich nicht, im Gegenteil, sie fühlte sich frei wie lange nicht. Fast bis zum Morgengrauen saß sie am Feuer und dachte nach. Mit den Wochen und Monaten wurde das Nachdenken weniger, und sie lernte, einfach nur da zu sein, in einem Zustand aufmerksamer Gleichgültigkeit.

Schnee fällt von einem Ast, es ist das Gegenteil eines Geräusches, dieses Herunterfallen ohne Beschleunigung und dann eine Veränderung der Stille, des Raumes. Durch die Entlastung schwingt der Ast nach oben wie in Zeitlupe, und Schneekristalle rieseln zu Boden.

Die Rehe sinken tief ein im Schnee mit ihren dünnen Beinen. Ihre stakenden Bewegungen, ihr von der

Anstrengung dampfender Atem, Anja beobachtet sie vom Aussichtsturm aus. Als es dämmert, sieht sie die Lichter der Stadt angehen. Jetzt sehnt sie sich nach einem Zuhause, nach einem Zimmer, einem warmen Bett und einem Kühlschrank voller Lebensmittel. Es ist eine Sehnsucht, die sich nicht erfüllen kann. Sie weiß zu gut, was in den Häusern vorgeht.

Im Wald hat sie andere Träume, lebhaftere, in denen dennoch nichts geschieht. Sie geht in diesen Träumen durch das Gelände, schnell, aber ohne Eile. Vielleicht träumen Tiere so.

Es ist sehr still in der Nacht. Wenn Anja aufwacht, dann nur wegen der Kälte. Es gibt Nächte, in denen sie alle ihre Kleider übereinander trägt, und es ist noch immer nicht genug. Dann liegt sie lange Zeit wach, aber es ist, als könnte es nur Morgen werden, wenn sie wieder einschliefe. Stunden später reißt sie das leise Piepsen des Weckers aus dem Schlaf. Sie stellt ihn schnell ab. Obwohl sie weit weg von jeder Straße und jedem Weg ist, hat sie Angst, jemand könnte den falschen Ton hören und sie entdecken.

Anja hat die Kleider über Nacht in den Schlafsack genommen, damit sie am Morgen nicht ganz so kalt sind. Sie zieht sich im Dunkeln an, kriecht aus dem behelfsmäßigen Verschlag. Draußen streckt sie sich, putzt sich die Zähne, trinkt etwas Wasser und isst ein gekochtes Ei und zwei Scheiben von dem Toastbrot.

Die Lebensmittel hat sie gestern geklaut. In einer Woche wird ihr Taschengeld überwiesen, der Vater hat einen Dauerauftrag eingerichtet, wenigstens das, aber das Geld reicht nie bis zum Monatsende. Vorsichtig wickelt sie die Eierschalen in ein Papiertaschentuch und verstaut sie in der Schultasche. Sie darf keine Spuren hinterlassen.

Eine Stunde vor Unterrichtsbeginn war Anja auf dem Schulgelände. Glücklicherweise war die Turnhalle schon offen. Im Duschraum der Mädchengarderobe war es kalt. Anja legte ihre Kleider in eine Ecke, ging quer durch den Raum, nackt wie ein Tier. Sie stellte das Wasser an und machte einen Sprung zurück, wartete, bis Dampf aufstieg. Sie duschte lange, aber das heiße Wasser wärmte nur die Haut, die Kälte im Inneren würde erst im Lauf des Morgens langsam weichen.

Einmal wäre sie fast erwischt worden. Sie war eben dabei, sich wieder anzuziehen, als sie die Tür der Garderobe hörte, Schritte und die Tür des Duschraums. Reglos und mit angehaltenem Atem stand sie in der Ecke. Sie hörte ein Räuspern und kurz darauf fiel die Tür ins Schloss. Erst nach einer Viertelstunde traute sie sich nach draußen.

Der Nachmittag war schulfrei. Michaela fragte, ob Anja Lust habe, zu ihr nach Hause zu kommen zum

Essen. Sie wusste, dass die Freundin Probleme hatte mit den Eltern und lud sie oft ein. Michaelas Eltern behandelten Anja wie ein krankes Kind, was sie manchmal genoss und manchmal kaum ertrug. Nach dem Essen saßen die Mädchen auf Michaelas Bett, hörten Musik und redeten, aber um drei sagte Anja, sie müsse los, sie habe noch etwas zu erledigen.

An solch klaren Tagen hielt sie es fast nicht aus in geschlossenen Räumen. Und um fünf fing es jetzt bereits an zu dämmern. Sie ging in das Lebensmittelgeschäft. Es waren nicht viele Kunden da, und sie musste aufpassen, nicht erwischt zu werden. Sie klaute drei Dosen Thunfisch in Olivenöl, eine Tube Mayonnaise und Schokoladenwaffeln. Sie kaufte eine Packung Kaugummi, um nicht aufzufallen. Es kam ihr vor, als würde die Kassiererin sie misstrauisch anschauen, aber vielleicht kam das nur vom schlechten Gewissen. Erst als sie wieder im Wald war, atmete sie auf.

Sie hat den Lagerplatz sorgfältig ausgewählt, eine kleine Mulde in einem flachen Abhang. So ist sie versteckt und kann doch, wenn sie ein paar Meter nach vorne geht oder kriecht, ein großes Stück des Waldes überblicken. Sie hat sich eine Feuerstelle gebaut mit ein paar Steinen. Nachts ist der Schein des Feuers in den Baumkronen zu sehen, ein kleiner Dom aus

Licht, aber in der Nacht ist niemand sonst im Wald. Die Letzten, die kommen, sind die Jogger, die in Gruppen und im Winter mit Stirnlampen unterwegs sind. Es ist unglaublich, wie laut sie sind. Aber Lärm gibt keine Sicherheit, das hat Anja schnell gelernt. Man muss ganz leise sein, verschwinden im Wald, unsichtbar werden und unhörbar. Sie hat sich immer gewundert, dass kaum ein Spaziergänger die Wege verlässt, dass alle, ohne nachzudenken, den Pfaden folgen, die andere vor ihnen gegangen sind. Anja hat in den drei Jahren im Wald gelernt, dass man überall durchkommen kann.

Marco meinte, es gehe ihr nicht gut, weil sie nicht mit ihm ins Kino wollte und weil sie es nicht mochte, wenn er Leute nach Hause einlud. Seit sie hier draußen wohnten, traf Anja ihre Freundinnen und Freunde nicht mehr, zu den Eltern hatte sie schon längst den Kontakt abgebrochen, und auch seine Familie mochte sie nicht besuchen. Marco meinte, sie sei depressiv. Er verstand nicht, dass ihr das alles wie Zeitverschwendung vorkam, ungelebtes Leben, jede Minute, die sie nicht bei sich war.

Zehn Jahre lang hatten sie in der Stadt gewohnt und viel unternommen, waren in Konzerte gegangen und in Clubs und hatten sich mit Freunden getroffen. Anja arbeitete und alles schien gut zu sein. Die Zeit im Wald war weit weg, und es war ihr, als könnte sie ein ganz normales Leben führen. Als sie schwanger wurde, merkte sie, wie sie sich zu verändern begann. Der Arzt sagte, das sei normal, das seien die Hormone, aber Anja spürte, wie etwas wieder an die Oberfläche kam, das die ganze Zeit da gewesen war. Ohne nachzudenken, hatte sie das getan, was von ihr erwartet wurde, hatte Marco und sich selbst getäuscht. Jetzt war es ihr, als würde sie erwachen, ihre Sinne wurden schärfer, und nichts war mehr selbstverständlich. Sie dachte wieder öfter an den Wald, daran, wie sie sich damals gefühlt hatte, jene seltsame Mischung aus Bewusstlosigkeit und höchster Präsenz. Sie fing an, sich zurückzuziehen.

Nach der Geburt suchten sie eine größere Wohnung. Anja hatte ihre Stellung aufgegeben, nach dem Mutterschutz ging sie einfach nicht mehr hin. Mit dem Geld, das Marco verdiente, waren die meisten Wohnungen in der Stadt unerschwinglich. Nach einigem Suchen fanden sie eine Vierzimmerwohnung in einer Neubausiedlung am Rand eines Vororts. Die Wohnhäuser standen zwischen der Autobahn und dem Gewerbegebiet. Es wohnten fast nur junge Familien hier, es gab eine Schule und einen Kindergarten mitten in der Siedlung und direkte Busse in die Stadt. Marco arbeitete in der Nähe, er würde jeden Tag eine halbe Stunde Arbeitsweg sparen. Er fragte Anja, ob es ihr hier gefalle, ob sie ganz sicher sei. Anfangs verließ sie die Wohnung kaum. Dann, nach und nach, begann sie die Gegend zu erkunden und in Besitz zu nehmen.

Es ist ein Niemandsland, das sich dauernd verändert, immer wird irgendwo gebaut, und selbst die fertiggestellten Gebäude sehen aus wie Rohbauten. Neben dem Shoppingcenter und dem Media Markt wird ein Obi errichtet, es gibt zwei große Geschäfte für Haustierbedarf, eine Autowaschanlage und einen Erotic Megastore. Auf einer der letzten freien Flächen stehen Gebrauchtwagen zum Verkauf, aber auch für diese Parzelle gibt es schon Baupläne. Das Gebiet ist von Zufahrtsstraßen durchzogen. Auf den Grünstreifen wachsen junge Bäumchen, die an Pfählen festgemacht sind, als könnten sie fliehen. Die Straßen sind den ganzen Tag über stark befahren, um zwölf und nach Feierabend ist der Verkehr etwas dichter, in der Mittagszeit lässt er nach. Wenn Anja mit dem Kinderwagen auf ihre Streifzüge geht, trifft sie kaum andere Menschen, nur dann und wann einen Radfahrer, der auf einem Rennrad an ihr vorbeisaust.

Sie ist wieder schwanger, und das Gehen fällt ihr immer schwerer, aber noch wenige Tage vor der Geburt zieht sie los. Als sie sich erschöpft etwas ausruhen will, findet sie keine Sitzgelegenheit und setzt sich schließlich ins Gras an eine Böschung, neben sich den Kinderwagen. Der Verkehr staut sich vor einer Ampel, und die Autos stehen nur wenige Meter von ihr entfernt. Die Fahrer starren sie an, aber das ist Anja egal. Erst als einer das Fenster herunterlässt und fragt, ob sie Hilfe brauche, steht sie wortlos auf und geht.

Draußen war es kalt, und es regnete. Die Kinder waren weg, aber Anja hatte keine Energie, Hausarbeit zu machen, die Unordnung störte sie nicht, der Schmutz. Der Gedanke, die Wohnung aufzuräumen, einzurichten, zu schmücken, war ihr fremd. Ruhelos ging sie durch die Räume, setzte sich auf einen Sessel, blätterte in Zeitschriften. Am Mittag hatte sie keine Ahnung mehr, was sie den ganzen Vormittag über gemacht hatte. Sie aß mit den Kindern, was gerade da war. Sie kochte selten, manchmal schob sie eine Pizza in den Ofen, oder sie ging mit ihnen zu McDonald's.

Marco hatte sie genötigt, wegen ihrer Antriebslosigkeit zum Arzt zu gehen. Der hatte nur abgewinkt und ihr Vitamin B verschrieben. Vielleicht sind ja die anderen nicht normal, sagte sie am Abend zu Marco, die dauernd irgendetwas unternehmen. Aber Marco schüttelte nur den Kopf und schaute sie an, als wäre sie verrückt.

Am liebsten waren ihr die Tage, an denen die Kinder auch nachmittags weg waren, in der Schule oder bei Spielkameraden. Dann streunte sie in der Gegend herum oder ging, wenn das Wetter schlecht war, ins Einkaufszentrum oder in einen der Supermärkte. Sie hatte wieder angefangen, Sachen mitgehen zu lassen. Einmal wurde sie erwischt, das wäre ihr früher nie passiert. Ein Ladendetektiv hatte sie nach der Kasse angesprochen und sie gebeten, ihm zu folgen. Er war sehr höflich, ein junger Mann mit guten Manieren und einem sauber gestutzten Bart. Er führte sie in die Hinterräume des Geschäfts und bat sie, ihre Tasche auszuräumen. Es bereitete Anja ein seltsames Vergnügen, ihre Sachen vor ihm auszubreiten, den Schlüsselbund, an dem ein kleiner Fellseehund hing, Papiertaschentücher, die Geldbörse, Münzen und Büroklammern und irgendwelche Prospekte, die sie eingesteckt hatte. Als sie einen Spitzen-BH auf den Tisch legte, an dem noch das Preisschild hing, schaute sie dem jungen Mann kurz in die Augen, und er senkte den Blick. Dann schob er mit einer beiläufigen Bewegung die Sachen zur Seite, die nicht ihr gehörten und sagte, sie könne den Rest wieder einpacken.

Es ging um einen kleinen Betrag, aber der Filialleiter veranstaltete ein Riesentheater und drohte ihr im Wiederholungsfall mit einem Ladenverbot für alle Filialen des Supermarktes. Er führte sich auf, als hätte sie ihn persönlich bestohlen, und schien Reue zu erwarten. Auf die Frage nach den Gründen zuckte Anja mit den Schultern. Ich habe es getan, mehr sagte sie nicht, mehr hatte sie nicht zu sagen. Die Bearbeitungsgebühr zahlte sie, ohne mit der Wimper zu zucken. Dem Ladendetektiv schien die Angelegenheit peinlich zu sein, aber Anja verspürte während der ganzen Verhandlung ein Hochgefühl. Trotzdem passte sie von nun an besser auf.

Sie sah den jungen Mann danach immer wieder. Jetzt, wo sie ihn kannte, wunderte sie sich, dass er ihr nicht früher aufgefallen war. Sie kreuzten sich in den Gängen, sie grüßten sich nicht, schauten sich nur kurz in die Augen. Anja war sicher, er erkannte sie, und das machte sie glücklich. Es war, als verbände sie ein dunkles Geheimnis. Manchmal, wenn Anja sich umdrehte, sah sie, wie er hinter ihr ging. Dann nahm sie absichtlich Dinge aus den Regalen und drehte sie hin und her, als würde sie sich überlegen, sie einzustecken. Wenn der Detektiv mittags im Selbstbedienungsrestaurant aß, setzte sie sich in seine Nähe. Dabei war es ihr wichtiger, dass er sie sehen konnte, als dass sie ihn sah. Es war ihr, als erhöhten sie seine Blicke.

Wenn Anja den Wald betritt, kommt es ihr vor, als hätte ihr Bewusstsein den Körper verlassen. Sie sieht sich selbst wie eine Fremde, ein junges Mädchen, das zwischen den Bäumen hindurchgeht. So träumt sie auch vom Wald, immer sieht sie sich von oben, aus einer Höhe von vielleicht fünf oder sechs Metern. Sie hat einmal gelesen, Sterbende sähen sich so, wenn die Seele den Körper verlassen habe.

Der Aussichtsturm ist das Zentrum eines komplexen Netzes von Orten. Es gibt Orte für gutes Wetter und solche für schlechtes, Orte, an denen sie schläft, und andere, an denen sie sich nur tagsüber aufhält. Wenn es regnet, sitzt sie oft in einem Unterstand für Waldarbeiter, oder sie klettert auf einen der Hochsitze an einer Lichtung. Die Hauptsache ist, immer in Bewegung zu bleiben.

Beim Unterstand trifft sie manchmal Erwin. Er ist schon mit ihr in die Primarschule gegangen, aber richtig kennengelernt haben sie sich erst im Wald. Erwin macht eine Lehre als Forstwirt. Er fragt Anja nie, weshalb sie hier ist und warum sie wissen will, wo im Wald in nächster Zeit gearbeitet wird. Manchmal pumpt er ihr Geld, obwohl er selbst nicht viel hat. Eine Zeitlang treffen sie sich fast jeden Tag. Nach der Arbeit kommt Erwin zum Unterstand. Erst hat sie befürchtet, er sei in sie verliebt. Aber er bringt ihr nur Bücher mit, über die er mit ihr reden will oder von denen er denkt, sie würden sie interessieren. *Der Papalagi*, *Die Kunst des Liebens*, Bücher von Friedrich Nietzsche, die er nicht versteht und *Walden* von Thoreau. Erwin glaubt, sich zu kennen, dabei ist kaum ein Satz, den er sagt, von ihm selbst. Trotzdem ist Anja gern mit ihm zusammen. Er ist ein Vertrauter. Sie hat ihm ihr Geheimnis nicht verraten, aber er kennt den Wald.

Schon den ganzen Tag hat ein kräftiger Westwind geweht, gegen Abend ist er zu einem Sturm geworden. Die Baumkronen werden jede einzeln unsichtbar vom Wind erfasst und wie in Eile wieder losgelassen, Hunderte kleiner Bewegungen, die in ihrer Gesamtheit zu etwas Gewaltigem werden, einem Wogen und Rauschen. Schau, sagt Anja. Aber Erwin scheint das alles nicht wahrzunehmen. Er denkt an seine Bücher. Als er geht, sagt sie, sie müsse in die andere Richtung. Du musst immer in die andere Richtung, sagt er. Ja, sagt sie und lacht, das ist wahr.

Es ist die Zeit, in der sie oft Nasenbluten hat, fast jeden Tag. Dann beugt sie sich etwas nach vorn, damit ihre Kleider nicht schmutzig werden, und das Blut tröpfelt auf den Boden. Fasziniert betrachtet sie den dunklen Fleck, der sich auf dem Laubboden bildet. Sie fühlt sich sehr leicht, es ist, als würde sich etwas in ihrem Kopf klären. Manchmal fängt sie ein paar Tropfen mit der Hand auf und leckt sie ab.

Zwischen den Orten gibt es Wege, nicht die Waldstraßen und Spazierwege, die sie höchstens nachts benutzt oder bei sehr schlechtem Wetter. Es sind Wege, die nur sie kennt, die sie in Monaten und Jahren entdeckt hat und immer wieder gegangen ist, sichere Wege, die schwer einzusehen sind. Sie hat Verstecke, an denen sie ihre Kleider aufbewahrt, ihre Schulsachen, ein paar persönliche Dinge, kleine Lager mit Konservendosen, die sie gestohlen oder gekauft hat, wenn sie ausnahmsweise nicht pleite war, Sachen, die man auch kalt essen kann, wenn es regnet und kein Feuer in Gang kommt. Am Anfang sind ihr ein paarmal Dinge abhandengekommen, sie weiß nicht wie, vielleicht waren es Tiere. Danach ist sie vorsichtiger geworden und geschickter. Im Winter häuft sie Laub auf die Verstecke, damit die Lebensmittel nicht gefrieren. Das ist die schwierigste Zeit, aber auch die schönste. Wenn Schnee liegt und sie den Wald tagelang fast für sich allein hat. Sie hat nur Angst, ihre Spuren könnten sie verraten.

So haben früher alle Menschen gelebt, sagte sie dem Schulpsychologen. Die anderen sind nicht normal, in ihren Häusern hinter ihren heruntergelassenen Rollläden. Er machte ein mitleidiges Gesicht, und sie dachte, im Wald würdest du keine Woche überleben. Da fragte man nicht nach dem Warum. Alles war nur das, was es war, Nahrung war Nahrung, Schlaf war Schlaf, Wärme war Wärme.

Der Psychologe schaute sie die ganze Zeit an. Beim Hinausgehen war er dicht hinter ihr. Er hatte ein kleines, glänzendes Auto, er wollte Anja mitnehmen, aber sie lehnte ab. Als er wegfuhr, sah sie den Kindersitz auf der Rückbank und am Heck einen Aufkleber in Form des Bodensees. Anja konnte nur Verachtung für ihn empfinden.

Sie hat nie herausgefunden, ob der Jäger sie verraten hat oder sie sich selbst. Vielleicht war es, weil ihre Aufmerksamkeit nachgelassen hatte. Es ging im Wald nicht um Kraft oder Geschicklichkeit, das Einzige, was zählte, war Aufmerksamkeit, Präsenz, ganz in der Gegenwart zu sein. Das hatten die Tiere den Menschen voraus, für die Erinnerung nur Erfahrung war und keine andere Welt, in der man sich verlieren konnte.

Es war kurz vor dem Abitur, Anja war inzwischen volljährig und konnte machen, was sie wollte. Trotzdem kam eines Morgens ein Polizist in die Klasse, um sie zu befragen. Er war freundlich, aber dass danach alle mit ihr sprachen wie mit einer Kranken, verletzte sie. Michaelas Eltern boten ihr an, vorübergehend bei ihnen zu wohnen. Sie lehnte ab und zog zurück zu ihren Eltern, die durch die Befragungen eingeschüchtert waren und sie behandelten wie eine Fremde. Nach ein paar Wochen konnte sie den Vater überzeugen, ihr ein Zimmer im Personalhaus des Krankenhauses zu bezahlen. Kaum war sie dort eingezogen, brach sie die Schule ab. Es war Frühling, und im Herbst waren die Abiturprüfungen. Anja war eine gute Schülerin, und alle redeten ihr zu, doch die paar Monate durchzuhalten, aber sie gab nicht nach.

Eine Lehrstelle zu finden war kein Problem. Anja hatte immer viel Zeit in der Buchhandlung verbracht, wenn es ihr schlechtging oder wenn es regnete. Die Buchhändlerin hatte gewusst, dass sie kein Geld hatte, und hatte ihr Leseexemplare geschenkt und sie hinterher gefragt, wie ihr die Bücher gefallen hätten. Anja hatte Botengänge für sie gemacht oder hatte den Laden gehütet, wenn sie kurz wegmusste, einkaufen oder zu einem Arzttermin. Die Buchhändlerin hatte sich gefreut, als Anja sie gefragt hatte, ob sie die Lehre bei ihr machen könne.

Während der Lehre wohnte Anja in einer Mansarde im selben Haus, in dem auch der Laden war. Außer mit den Kunden und der Chefin hatte sie kaum Kontakt mit Menschen. Nur Erwin kam dann und wann in den Laden, und jetzt empfahl sie ihm Bücher, Romane und Erzählungen, um ihn von seinen Grübeleien abzubringen. Irgendwann kam er nicht mehr. Erst hatte sie es gar nicht bemerkt, dann erfuhr sie von einem Kunden, der ebenfalls mit ihr zur Schule gegangen war, durch Erwins Schuld sei ein Waldarbeiter ums Leben gekommen. Erwin hatte einen Baum gefällt, der andere hatte nicht aufgepasst und war erschlagen worden. Der Kunde erzählte, es sei zu einer Untersuchung, aber nicht zur Anklage gekommen. Anja dachte daran, Erwin zu schreiben, aber sie wusste nicht was, und irgendwann war es zu spät. Bald darauf erfuhr sie, er habe seinen Beruf aufgegeben und eine Ausbildung zum Psychiatriepfleger angefangen. Als sie ihm einige Monate später zufällig auf der Straße begegnete, war er Mitglied einer Freikirche geworden und wollte mit ihr über Gott sprechen. Sie wimmelte ihn ab. Zu Hause weinte sie um ihn.

Wir sind offen für ihren Hunger, immer wieder liest Anja das Plakat. Sie hat mit den Kindern bei McDonald's gegessen. Der Kleine hat erzählt, wie die Nachbarin ihm einen Apfel geschenkt hat. Das war vor Monaten, und er hat es ihr schon ein Dutzend Mal erzählt, aber ihn kümmert das nicht. Die einzige Bedeutung, die die Geschichte für ihn zu haben scheint, ist, dass er sich daran erinnert. Es ist Anja, als würde er sich von ihr durch seine Erinnerungen entfremden. Sie kann beobachten, wie eine Welt in ihm entsteht, zu der sie keinen Zugang hat. Nach dem Essen streiten sich die beiden Jungs wegen der Geschenke in ihren Happy Meals. Einer will das des anderen, aber der will nicht tauschen. Anja schickt sie los und trägt dem Großen auf, den Kleinen beim

Kindergarten abzuliefern. Er mault und willigt erst ein, nachdem sie ihm ein Eis versprochen hat.

Als die Kinder weg sind, trinkt sie einen Kaffee, dann geht sie ins Einkaufszentrum. Es ist ihr Revier, sie kennt inzwischen jede Ecke. Wie eine Angestellte bewegt sie sich durch die Läden. Im Erdgeschoss gibt es einen Buchdiscounter, er gehört zu einer Kette, das Sortiment besteht aus Bestsellern und billig gemachten Sachbüchern zu populären Themen. Marco hat ihr vorgeschlagen, sich um eine Stelle zu bewerben, nur für ein paar Stunden in der Woche. Er scheint zu glauben, es würde ihr guttun. Aber Anja hat mit Büchern nichts mehr am Hut. Seit sie hier draußen wohnen, erscheint ihr das Lesen als Zeitverschwendung, erst recht das Fernsehen. Nur Musik hört sie noch dann und wann.

Sie mag das Provisorische der Gebäude im Gewerbegebiet, die nach wenigen Jahrzehnten abgerissen und durch neue ersetzt werden. Sie mag die aufgehäuften Waren, die seelenlosen in Plastikfolie eingeschweißten Gegenstände. Stundenlang kann sie durch die Geschäfte gehen und die ausgestellten Dinge anfassen. Sie prüft den Stoff von Kleidern, riecht an ihnen, probiert sie an. In der Lebensmittelabteilung öffnet sie Verpackungen und stopft sich schnell etwas vom Inhalt in den Mund.

Die Kunden in den Geschäften wirken unvollständig, etwas scheint ihnen zu fehlen in dieser Umgebung, die keine ist. Anja nimmt sie nicht als Menschen wahr, auch nicht die Verkäuferinnen. Es ist ihr, als wäre sie unsichtbar. Wird sie doch einmal angesprochen, erschrickt sie und murmelt etwas, nein danke, ich schaue nur, und geht weiter.

Sie konzentriert sich auf ihre Schritte, bis diese nicht mehr selbstverständlich sind. Dann wird sie so empfindlich, dass sie die Ritzen zwischen den Steinplatten unter ihren Sohlen zu spüren meint. Wenn sie nach solchen Ausflügen nach Hause kommt, ist sie erschöpft und erträgt die Kinder kaum und schreit sie an wegen jeder Kleinigkeit.

Eine Zeitlang lebt Anja in einer Tannendickung, wo kaum Licht hinkommt. Nur das Moos auf dem Boden leuchtet in fluoreszierendem Grün. Seit Monaten ist sie unruhig gewesen, und dies ist der sicherste Ort. Wie ein krankes Tier hat sie sich zurückgezogen. Es fällt ihr jetzt schwer, jeden Tag zur Schule zu gehen, nur die Angst, entdeckt zu werden, lässt sie am Morgen aufstehen. Wenn Michaela fragt, ob sie nach der Schule zu ihr komme, schüttelt Anja den Kopf. Ganze Nachmittage liegt sie in ihrem Schlafsack unter einer alten Militärplane, die sie auf dem Flohmarkt gekauft hat. Der Boden unter ihr ist mit einer dicken Schicht von Tannennadeln bedeckt, aus der ein leises Knistern dringt. Es ist ein langer Winter gewesen, an einigen Stellen bleibt der Schnee bis spät im März liegen. Als er getaut ist, wagt Anja sich hinaus aus der Dickung. Sie richtet sich am Rand einer Lichtung ein, auf einem kleinen Stück sumpfiger Wiese mitten zwischen den Bäumen, das schwer zugänglich ist. Nur das Wild kommt hierher und manchmal ein Jäger. Eine Woche vor Ostern wird es endlich warm, und der Wald scheint sich von einem Tag zum anderen zu verwandeln.

Anja hört das Zwitschern der Vögel und aus der Ferne das leise Rauschen der Autobahn und schreiende Kinder, die durch das Unterholz brechen. Ein tieffliegendes Flugzeug nähert sich langsam, scheint eine Weile lang über ihr stillzustehen und entfernt sich. Der Wind frischt auf und lässt die letzten trockenen Blätter an den Bäumen rascheln, dass es klingt, als würde es regnen. Wenn Anja die Augen schließt, scheint der Raum sich zu erweitern, wenn sie sie öffnet, sind die Farben für einen Moment lang blass. Nur das Grün der Tannen ist kräftig und jenes des frischen Grases, das zwischen dem trockenen, vom Schnee zerdrückten hervorschaut. Alles ist lebendig hier, selbst im toten Holz wimmelt es von Lebewesen, von Pilzen und Käfern und Ameisen. Am entfernten Ende der Wiese gibt es einen Hochsitz, der knarrt im Wind.

Einmal, es ist schon wieder Herbst geworden, sitzt dort oben der Jäger. Anja ist aufgestanden, sie hat sich angezogen, hat sich die Zähne geputzt, als sie ihn plötzlich bemerkt. Vielleicht hat er ein Geräusch gemacht, oder sie hat gespürt, dass sie beobachtet wird. Er hat sein Gewehr nicht angelegt, trotzdem hat sie einen Moment lang Angst, er würde auf sie schießen. Dann weicht die Angst einem Gefühl von Sicherheit. Ruhig arbeitet sie weiter, verstaut ihre Sachen unter der Militärplane und schlägt sich ins Dickicht.

Der Mann kommt wieder. Eine Woche lang sitzt er jeden Morgen dort oben und beobachtet sie. Er muss wissen, dass sie ihn bemerkt hat, aber er gibt ihr kein Zeichen, und sei es ein Nicken oder ein kurzer Gruß mit der Hand. Sie genießt die Aufmerksamkeit, zugleich spürt sie, wie etwas kaputtgeht. Der Bann ist gebrochen. Eines Morgens ist der Jäger nicht da. Anja lebt noch eine Weile lang weiter wie zuvor, wartet darauf, dass er wiederkommt. Sie ist ungeduldig, fängt an, sich Gedanken zu machen. Zum ersten Mal langweilt sie sich im Wald, und das kalte Wetter setzt ihr zu. Sie spürt, dass sie nicht mehr lange durchhalten wird. Als sie wenig später entdeckt wird, ist sie fast erleichtert.

Ohne es sich recht bewusst zu sein, erwartet Anja den Jäger in der Buchhandlung. Obwohl sie sich nur aus der Entfernung gesehen haben, ist sie sich sicher, er würde sie, sie ihn erkennen. Plötzlich steht er da. Er trägt dunkelgrüne Hosen, eine Faserpelzjacke und einen komischen Hut. Das Gewehr hat er über die Schulter gehängt. Er sagt kein Wort, schaut sie nur an und lächelt. Das Lächeln ist liebevoll, aber gefährlich. Anja weicht zurück, versteckt sich hinter einem Bücherregal, wartet, bis er ihr folgt. Sie flieht vor ihm und lockt ihn immer tiefer hinein in die Dunkelheit der Regale, in Kellerräume voller Bücher, voller Kartons. Sie eilt durch ein Labyrinth von Gängen, die sie noch nie gesehen hat, von deren Existenz sie nichts geahnt hat. Der Jäger ist dicht hinter ihr. Er wird sie nicht entkommen lassen.

Anja lernte Marco kennen. Er kam von Zeit zu Zeit in den Laden, um Bücher zu bestellen über Regelungstechnik und Robotik. Sie kamen ins Gespräch, und irgendwann lud er sie zu einem Kaffee ein auf so hilflose Art, dass sie nicht nein sagen konnte. Er machte ihr den Hof, sie wusste längst, er würde sie irgendwann küssen, sie rechnete fest damit. Es brauchte ein paar Verabredungen, bis er es endlich wagte, danach ging alles schnell. Sie heirateten erst, als Anja schwanger wurde.

Kurz nach ihrem zehnten Hochzeitstag gestand Marco Anja eines Abends, er habe eine Freundin. Seit

Wochen war er unruhig gewesen, leidend, und Anja war nicht wirklich überrascht. Die Gleichgültigkeit, mit der sie es aufnahm, machte ihn wütend. Sie nahm es ihm nicht übel, er musste seine Aufregung irgendwie loswerden und tat es, indem er ihr Vorwürfe machte, sie anschrie und sich gleich darauf entschuldigte und weinte und wieder schrie. Sei still, sagte sie nur, die Kinder.

Die Trennung verlief ohne Streit und böse Worte. Nur als Marco sie um Verzeihung bat, schüttelte Anja ungeduldig den Kopf. Sie behielt die Wohnung und die Kinder, Marco zog mit seiner neuen Freundin in der Stadt zusammen. Die Kinder verbrachten immer mehr Zeit mit ihrem Vater und verstanden sich mit seiner Freundin bald besser als mit Anja. Jedes Mal, wenn sie Marco die Kinder übergab, fragte er beiläufig, ob sie jemanden treffe. Er hoffte bestimmt, sie würde wieder heiraten, damit er ihr keine Alimente mehr bezahlen müsste. Anja hätte es ihm gegönnt, aber sie hatte kein Bedürfnis nach einem Mann oder nach Gesellschaft.

Einmal setzte sich der Ladendetektiv zu ihr an den Tisch. Es war, als bräche er ein stilles Abkommen, das zwischen ihnen bestanden hatte. Anja schüttelte irritiert den Kopf. Sie ließ ihren halbleeren Teller stehen und ging. Danach mied sie den Supermarkt eine Zeitlang.

Als Anja am Schulhaus vorbeikommt, sieht sie durch die großen Fenster in die Klassenzimmer, aber sie erkennt keines der Kinder. Sie geht durch das Gewerbegebiet. Der Himmel ist bewölkt. Sie schaut sich die Auslage des Geschäfts für Haushaltsgeräte an, das direkt neben dem Erotikcenter liegt. Sie spürt die Blicke der Männer, die drüben ein- und ausgehen und sie zugleich anwidern und faszinieren. An der Fußgängerampel muss sie lange warten, obwohl sie auf den Knopf gedrückt hat. Lastwagen sind unterwegs, die neue Güter bringen, Autos, in denen die Musik so laut läuft, dass sie zu pulsieren scheinen. Hinter dem Zentrallager und den Werkgleisen ist ein kleiner Bach, an dem entlang ein Feldweg führt. Anja betrachtet die Wandmalerei auf der hohen Mauer, die das Gelände des Recyclingunternehmens umgibt, eine Urwaldszene. Manches ist nur angedeutet, grün und grau grundierte Flächen, ein hellblauer Himmel. Nur wenige Details sind ausgeführt, eine verfallene Tempelruine, ein paar riesige Bäume, ein Leopard, der aus der Wand heraus auf den Betrachter zuspringt. Der Maler scheint die Arbeit vor langer Zeit abgebrochen zu haben, an einigen Stellen ist das Bild von Graffiti verschmiert.

Der Weg endet an einem Bahngleis. Jenseits des Gleises liegt der Fußballplatz. Das Dröhnen der Mähmaschine weht herüber, und in der schwülen Luft liegt der Geruch von frisch geschnittenem Gras. Anja setzt sich auf die Wiese und schaut den Zügen nach, die vorüberfahren. Sie legt sich hin, schließt die Augen. Sie hat noch mehr als eine Stunde Zeit, bis sie die Kinder von der Schule abholen muss.

Sie steht vor einer Treppe, die steil nach oben führt. Sie rennt hinauf, kommt zu einer schweren verbeulten Metalltür. Sie stemmt sich dagegen, die Tür schwingt auf, und sie steht in einem Hinterhof. Schnell, aber ohne Eile, geht sie weiter. Sie ist noch nie hier gewesen, trotzdem zögert sie keinen Moment, als würde sie den Weg kennen. Der Jäger ist dicht hinter ihr, sie schaut sich nicht um, aber sie spürt seine Präsenz, seine Nähe. Es ist früher Morgen, kein Mensch ist auf der Straße. Erst jetzt fällt Anja auf, dass sie nichts hört, keinen Ton, es ist, als wäre sie taub. Der Weg führt durch ein Gewirr von Gassen. Irgendwann kommt Anja auf einen großen Platz. Sie geht bis in seine Mitte, bleibt stehen und schaut zurück. Da sieht sie den Jäger. Er ist aus einer der Gassen getreten und steht ebenfalls still. Langsam nimmt er das Gewehr von der Schulter, kniet nieder und legt an. Sein Gesicht ist starr vor Konzentration, sein Blick leer. Obwohl sie mindestens zwanzig Meter voneinander entfernt sind, sieht Anja den Finger am Abzug, der sich langsam krümmt, und dann das Mündungsfeuer und spürt im selben Moment einen heftigen, köstlichen Schmerz in der Brust und die Wärme ihres Blutes, als stiege sie in ein heißes Bad. Dann liegt sie am Boden, und der Jäger kniet an ihrer Seite. Er streicht ihr das Haar aus der Stirn. In seinen Augen sind Tränen. Er will etwas sagen, aber sie schüttelt nur lächelnd den Kopf. Es ist gut.

Eismond

ERST ALS ICH MEIN FAHRRAD abschloss, wurde mir bewusst, dass etwas anders gewesen war als sonst. Zu Fuß ging ich zurück zum Eingang des Industriegeländes und sah die heruntergelassenen Blenden der Pförtnerloge. Ich hatte im Weihnachtsrummel vergessen, dass Biefer und Sandoz Ende des Jahres in Rente gehen würden. Vor einem Monat hatte jemand Geld gesammelt, um den beiden ein Abschiedsgeschenk zu machen. Ich hatte etwas gespendet, zwei Karten unterschrieben und dann nicht mehr daran gedacht. Jetzt tat es mir leid, mich nicht von ihnen verabschiedet zu haben.

Auf der Glastür des Pförtnerhauses klebte ein Plan des Geländes. Darunter war eine Liste von Telefonnummern für Notfälle, Feuerwehr, Polizei, Ambulanz und die Nummer der Verwaltung. In einer durchsichtigen Aktenhülle daneben steckte ein Brief des

Verwalters. Er schrieb, er wünsche allen Mietern frohe Festtage und alles Gute für das Neue Jahr. Der Brief war mit einer Clipart dekoriert, einem Tannenzweig und einer Kerze.

Früher hatten Hunderte von Menschen in der Fabrik gearbeitet, aber nachdem erst die Produktion und dann die Entwicklung ins Ausland verlagert worden waren, leerte sich das Gelände, bis nur noch die beiden Pförtner zurückblieben. Die Firma war in eine Holdinggesellschaft umgewandelt worden und bezog Büros in der Nähe des Bahnhofs. Die alten Backsteingebäude am Ufer des Sees standen eine Zeitlang leer und wurden dann Raum für Raum vermietet. Im Laborgebäude arbeiteten jetzt Künstler, Architekten und Grafiker. Im Waaghaus hatte ein ehemaliger Fabrikarbeiter eine kleine Bar eröffnet, in der wir uns am Mittag trafen, um ein Sandwich zu essen oder um Kaffee zu trinken. In den Produktionshallen hatten ein Geigenbauer und ein Möbelschreiner ihre Werkstätten eingerichtet. Ein paar Start-ups hatten sich eingemietet, von denen niemand recht wusste, was sie machten. Manche Räume standen, kaum bezogen, schon wieder leer.

Die Lage des Geländes am See war spektakulär, und alle paar Monate war in der Zeitung von großartigen Projekten die Rede, von Luxuswohnungen, einem Spielcasino oder einem Einkaufszentrum. Aber nie fanden sich die nötigen Investoren. Wir hatten befristete Mietverträge, die regelmäßig verlängert wurden, wenn wieder ein Projekt sich zerschlagen hatte. Manchmal tauchte der Verwalter noch mit einer Gruppe von Herren in dunklen Anzügen auf. Wir sahen sie draußen herumstehen und mit großspurigen Handbewegungen ganze Gebäude abreißen und neue aufstellen. Der Pförtner, der gerade Dienst hatte, folgte der Gruppe in einiger Distanz über das Gelände und näherte sich nur, wenn eine Tür aufzuschließen war. Anfangs hatten diese Führungen jedes Mal zu wilden Mutmaßungen und Gerüchten geführt, aber inzwischen schien niemand mehr daran zu glauben, dass sich jemals etwas ändern würde.

Wenn ich am Morgen ins Büro kam, war immer schon einer der Pförtner da. Biefer saß meistens in der auf drei Seiten verglasten Loge, rauchte Pfeife und las Zeitung. Sandoz stand, auch bei der größten Kälte, draußen, die Hände in den Manteltaschen.

In der ersten Zeit hatten die beiden noch die Post verteilt, aber seit wir Briefkästen hatten, nahmen sie nur noch gelegentlich große Pakete in Empfang oder erklärten den Fahrradkurieren den Weg zu unseren Ateliers. Sie schrieben die Nummern falsch geparkter Wagen auf, und manchmal sah man einen der beiden auf dem Gelände herumgehen, in einer Hand den riesigen Schlüsselbund, in der anderen einen Stock, mit dem er Abfälle aus den stillgelegten Gleisen kratzte. Meistens aber waren sie am großen Tor, das jetzt immer offen stand, und beobachteten stumm, wer das Gelände betrat und wer es verließ.

Man sah Biefer und Sandoz nie zusammen. Sie lösten sich um die Mittagszeit herum ab und schienen darauf zu achten, sich nicht zu begegnen. Am Anfang konnte ich sie nicht auseinanderhalten, obwohl sie unterschiedlicher nicht hätten sein können. Nur äußerlich waren sie sich ähnlich, beide waren klein und untersetzt und hatten spärliches Haar. Sie trugen blaue Kittel, Sandoz bei schlechtem Wetter einen schwarzen Mantel und einen Hut aus Kunstleder. Er stammte aus der französischen Schweiz und sprach, obwohl er schon seit mehr als dreißig Jahren hier arbeitete, mit starkem Akzent. Er war launisch, an manchen Tagen redete er ohne Unterbrechung, dann wieder sagte er kaum ein Wort und tat, wenn man ihn grüßte, als würde er einen nicht kennen. Biefer hingegen, der aus der Gegend kam, war fast übertrieben freundlich. Immer wenn ich ihn traf, erkundigte er sich nach meinen Kindern, die er ein- oder zweimal gesehen hatte. Wir sprachen über das Wetter, über Fußball und Lokalpolitik. Von sich selbst und seiner Familie sprach er selten. Seine Frau erwähnte er gelegentlich in einem Nebensatz, von seinen beiden Söhnen, die im Ausland lebten, erzählte er mir nur ein einziges Mal.

An einem kalten, nebligen Morgen vor vielleicht zwei Monaten hielt Biefer mich an. Ich hatte von weitem nur die dunkle Silhouette neben dem Pförtnerhaus gesehen und angenommen, es sei Sandoz. Erst als ich ganz nah war, erkannte ich Biefer. Ich winkte ihm zu, da hob er die Hand wie ein Polizist. Ich hielt mein Fahrrad neben ihm an, und er fragte, ob ich ihm bei einer Sache behilflich sein könne. Ich fragte, worum es gehe. Nicht hier, sagte er mit verschwörerischer Stimme und drehte sich um.

Ich war nie zuvor im Pförtnerhaus gewesen. Trotz der großen, etwas nach vorne geneigten Fenster wirkte der Raum gemütlich. Der kleine Ölofen verbreitete eine trockene Hitze, und es roch süßlich nach Pfeifenrauch. Biefer setzte sich an sein Pult und öffnete eine Schublade. Er zog eine abgegriffene Aktenmappe hervor und legte sie ungeöffnet vor sich hin. Dann stand er noch einmal auf und holte, ohne mich zu fragen, zwei Tassen dünnen Kaffee. Er reichte mir eine und zeigte auf einen Teller mit Gebäck, der vor ihm stand.

Honigkuchen, sagte er. Wenn man das mag.

Es gab nur einen Stuhl. Biefer hatte sich gesetzt, ich stand hinter ihm im Schatten und schaute auf seinen dicken Kopf hinunter, auf das strähnige graue Haar, zwischen dem die rosige Kopfhaut zu sehen war. Er stopfte sich eine Pfeife, aber er zündete sie nicht an. Er schien nicht recht zu wissen, wo er anfangen sollte. Mehrmals setzte er an, verhaspelte sich, hustete. Dazwischen winkte er immer wieder Leuten zu, die auf das Gelände fuhren. Er sagte, er sei ursprünglich Bäcker gewesen, aber dann habe er den Beruf wegen einer Mehlallergie aufgeben müssen. Er sei immer schon gerne gereist, Sport hingegen interessiere ihn nicht. Außer natürlich Fußball. Er sagte, er habe jung geheiratet. Das sei damals einfach üblich gewesen. Er bereue nichts. Das sagte er mehrmals. Er habe nichts zu bereuen.

Nachdem er noch eine Weile so weitergeredet hatte, begriff ich endlich, worum es ging. Ende des Jahres, wenn er in Rente ging, wollte Biefer nach Kanada auswandern und dort ein Bed & Breakfast eröffnen. Warum ausgerechnet nach Kanada?, fragte ich, aber Biefer ging nicht auf meine Frage ein. Er sprach vom Visumsantrag, den er schon vor Monaten gestellt hatte, von einem Punktesystem, in dem neben der Ausbildung und den Englisch- und Französischkenntnissen auch das Alter und das Vermögen eine Rolle spielten. Vor kurzem hatte er einen Brief von der kanadischen Botschaft in Paris bekommen, den er nicht verstand. Er sagte, er habe seit der Schule kein Französisch mehr gesprochen, und das sei fünfzig Jahre her. Seit einigen Monaten mache er einen Englischkurs, aber er sei wohl zu alt, um noch eine neue Sprache zu lernen. Er öffnete die hellbraune Aktenmappe, zog das oberste Blatt heraus und schloss die Mappe gleich wieder. Er reichte mir den Brief. In kompliziertem Juristenfranzösisch wurde der Gesuchsteller aufgefordert, zur Vervollständigung seines Dossiers eine aktuelle Liste seiner Vermögenswerte sowie die dazugehörigen Belege einzureichen, die alle vom selben Stichtag stammen müssten. Als ich Biefer erklärte, worum es ging, schien er erleichtert. Er bat mich, niemandem auch nur ein Wort von seinen Plänen zu sagen, am allerwenigsten Sandoz.

Ich hatte die Sache fast vergessen, als Biefer mich ein paar Wochen später wieder anhielt. Er machte ein geheimnisvolles Gesicht und winkte mir, ihm in die Pförtnerloge zu folgen. Es war kurz vor Weihnachten, auf dem Pult stand ein schütteres Gesteck aus Tannenzweigen, zwei silbrigen Christbaumkugeln und einer dicken Kerze, die nicht angezündet worden war. Daneben lag die hellbraune Aktenmappe. Biefer öffnete sie, zog ein Blatt heraus und reichte es mir strahlend. Sein Visumsantrag war genehmigt worden. Er dankte mir für meine Hilfe. Ich sagte, das sei nicht der Rede wert. Er zögerte, dann öffnete er die Aktenmappe noch einmal und ließ sie offen vor uns liegen. Zuoberst lag der rote Umschlag eines Fotolabors. Biefer zog einen Stapel Bilder heraus und legte sie vorsichtig nebeneinander auf den Tisch. Die Fotografien unterschieden sich kaum voneinander, auf allen war Wald zu sehen, niedrige Bäume und Buschwerk und manchmal im Vordergrund eine Schotterstraße. Biefers Hände schwebten über den Abzügen, er wirkte wie ein Wahrsager, der aus einem Spiel Karten die Zukunft zu lesen versucht. Das sei sein Land, sagte er endlich, in Nova Scotia. Er nahm Papiere aus der Aktenmappe und breitete sie vor uns aus, einen Kaufvertrag, einen Pass und ein Flugticket, Tourismusprospekte und Postkarten. Zuunterst in der Mappe lag die schlechte Kopie einer Katasterkarte, auf der ein unregelmäßig geformter See und einige Parzellen eingezeichnet waren. Eine der Parzellen war mit rotem Farbstift sorgfältig umrandet. In die Mitte des Grundstücks waren mit Bleistift zwei Rechtecke eingezeichnet, darunter sah ich die verschmierten Spuren ausradierter Entwürfe. Da werde er sein Haus bauen, sagte Biefer, ein Blockhaus mit zehn Gästezimmern und einem großen Aufenthaltsraum und im oberen Stockwerk seine Wohnung. Das kleine Rechteck sei die Garage.

Ich stand neben ihm und konnte sein Gesicht nicht sehen, während er mir von dem Projekt erzählte, aber seine Stimme klang begeistert und voller Energie. Das Grundstück habe er schon vor Jahren gekauft, sagte er, zehntausend Quadratmeter für dreißigtausend kanadische Dollar. Er habe zwar keinen direkten

Seezugang, dafür liege das Grundstück an der Hauptstraße, was gut sei für das Geschäft. Ende Januar fliege er nach Halifax. Von da seien es zwei Stunden mit dem Auto. Er sei vor einem Jahr schon da gewesen. Die Gegend sei wunderschön, etwas abgelegen zwar, aber mit großem Potential. Ein Paradies für Jäger und Angler.

Ich konnte mir Biefer nicht in den kanadischen Wäldern vorstellen. Er war bleich, sein Gesicht war aufgeschwemmt, und er wirkte nicht sehr gesund. Aber er schwärmte weiter von seinem Grundstück und von Nova Scotia. Die Gegend liege auf dem gleichen Breitengrad wie Genua, sagte er, im Sommer könne es über dreißig Grad warm werden. Der Winter sei allerdings kalt und schneereich. Baugenehmigungen seien leicht zu kriegen, sagte er, und das Benzin koste nur die Hälfte von dem, was man bei uns bezahle.

Ich fragte ihn, weshalb er mitten im Winter auswandern wolle, ob es ihm bei uns nicht kalt genug sei. Er sagte, so bleibe ihm genug Zeit, alles für die Touristensaison im Sommer vorzubereiten. Erst müsse ja der Wald gerodet werden und dann das Haus gebaut. Es sei viel zu tun. Er sagte, nach den Feiertagen komme die Umzugsfirma. Sein ganzer Hausrat werde in einen Container geladen und verschifft. Bis das Haus gebaut sei, müsse er die Sachen einlagern. Ich fragte ihn, wo er bis zur Abreise wohnen werde. Er schaute mich an, als hätte er daran noch gar nicht gedacht. Und Ihre Frau?, fragte ich. Was hält die von Ihren Plänen? Er sagte, das seien keine Pläne, das sei beschlossene Sache. Bevor ich ging, bat er mich noch einmal, niemandem etwas zu erzählen.

Als ich aus dem Pförtnerhaus trat, sah ich Jana, eine junge Künstlerin, die auf demselben Stockwerk wie ich ihr Atelier hatte. Sie fuhr mit dem Fahrrad auf mich zu, bremste im letzten Moment und kam nur wenige Zentimeter vor mir zum Stehen. Sie grinste mich an und fragte, ob ich jetzt den Pförtner mache. Warum nicht, sagte ich. Das wäre nicht der schlechteste Job. Nicht anstrengend. Und du hast ein festes Einkommen. Ein bisschen werde ich die beiden schon vermissen, sagte sie. Vor allem Albert.

Sie war von ihrem Fahrrad gestiegen und ging neben mir her zum Eingang des Laborgebäudes. Sie sagte, sie sei eine der Ersten auf dem Gelände gewesen. Damals habe noch nichts funktioniert, die Heizung sei dauernd ausgefallen und manchmal auch der Strom. Da habe sie oft mit den beiden Pförtnern zu tun gehabt. Albert habe ihr viel geholfen. Er sei ein unglaublich netter Mensch.

Das leere Pförtnerhaus hatte etwas Deprimierendes. Ich vermisste weder Biefer noch Sandoz, aber ich war immer froh gewesen, dass jemand da war, wenn ich am Morgen ins Büro kam, jemand, der das Tor aufschloss und Licht machte, jemand, der den Tag begann. Jetzt wirkte das Gelände ausgestorben, die Fassaden der alten Gebäude schienen noch abweisender als sonst, und in keinem der Fenster war Licht. Früher oder später würde das alles abgerissen werden, wir waren nur Gäste hier, unsere Tage waren gezählt, auch wenn wir uns benahmen, als wären wir die neuen Herren.

Der Geigenbauer parkte seinen Wagen. Ich wartete auf ihn vor dem Eingang, und wir plauderten ein wenig. Er fragte, ob ich mich wohl fühle hier, und ich sagte, das sei nur eine Zwischenstation für mich, irgendwann würde ich den Ort wohl verlassen. Er sagte, er werde bleiben, solange es gehe. So ein günstiges Atelier finde er nie wieder. Während wir noch redeten, kamen Jana und ein Journalist dazu, der erst vor wenigen Wochen im Stockwerk unter uns eingezogen war. Wir sprachen über Biefer und Sandoz. Der Journalist sagte, er habe die beiden nie auseinanderhalten können. Ich fragte, was wir ihnen eigentlich zum Abschied geschenkt hätten. Niemand wusste es.

Ich hatte mich zum Mittagessen mit einem Kunden verabredet. Es ging um den Bau einer Doppelgarage, mein erster richtiger Auftrag seit Monaten. Wir aßen in einem Restaurant im Zentrum. Als ich um zwei zurück aufs Gelände kam, fing der Nebel erst an sich aufzulösen. Ich ging hinunter zum Ufer des Sees und schaute hinaus auf das Wasser, das glatt und ganz klar war. Ich war plötzlich ziemlich sicher, ich würde nie wegkommen und bis ans Ende meiner Tage hier bleiben müssen und Garagen bauen und kleine Einfamilienhäuser, wenn ich Glück hätte, einen Kindergarten oder ein Mehrfamilienhaus. Wir alle würden hier bleiben, der Geigenbauer, der Journalist, Jana und die anderen. Biefer war der Einzige, der es schaffen würde wegzukommen.

Jana saß allein in der Bar im Waaghaus und las Zeitung. Ich holte mir einen Kaffee und setzte mich zu ihr an den Tisch. Sie blätterte ein paar Seiten zurück, faltete die Zeitung in der Mitte und reichte sie mir über den Tisch.

Hast du das gesehen?, fragte sie und zeigte auf eine Todesanzeige.

Gertrud Biefer, las ich laut, nach langer schwerer Krankheit, die sie mit viel Geduld ertragen hat, ist unsere liebe Gemahlin, Mutter und Großmutter am 27. Dezember von uns gegangen. Die Abdankung fand im engsten Familienkreis statt.

Das muss Alberts Frau sein, sagte Jana. Da steht sein Name. Und die zwei darunter, das sind bestimmt seine Söhne.

Sie sagte, es sei verrückt. Jetzt, wo er endlich Zeit

gehabt hätte, das Leben zu genießen. Er habe oft von den Reisen erzählt, die er nach der Pensionierung machen wollte.

Er hat geplant, nach Kanada auszuwandern, sagte ich, aber erzähl es nicht weiter. Jana sagte, das könne sie sich nicht vorstellen, wo seine Frau so krank gewesen sei.

Ich bin sicher, sagte ich. Ich habe ihm mit den Papieren geholfen. Er hat mir den Brief der Botschaft gezeigt und Bilder von seinem Grundstück in Nova Scotia.

Jana sagte noch einmal, das könne sie sich nicht vorstellen. Ich sagte, sie solle ihn anrufen, wenn sie mir nicht glaube, aber sie sagte, es gehe uns eigentlich nichts an. Weißt du, wo er wohnt? Jana schüttelte den Kopf. Sie sagte, sie werde im Telefonbuch nachschauen und ihm eine Beileidskarte schicken.

Am nächsten Morgen war das Wetter so unfreundlich, dass ich zu Fuß ins Büro ging. Der Nebel war dicht wie fast jeden Morgen in dieser Jahreszeit, aber schon von weitem sah ich Licht im Pförtnerhaus. Die Blenden waren hochgezogen, und an der Theke saß Albert Biefer in seinem blauen Kittel. Er sah aus wie immer, nur rauchte er nicht, und er las auch nicht Zeitung. Ich winkte ihm. Er schaute geradeaus, als hätte er mich nicht bemerkt. Ich klopfte an die Scheibe, aber er reagierte noch immer nicht. Er hatte die Augen zusammengekniffen, und seine Mundwinkel waren hochgezogen. Es sah aus, als würde er grinsen oder gleich anfangen zu weinen. Ich winkte noch einmal. Als er wieder nicht reagierte, ging ich. Vielleicht eine Stunde später klopfte es an der Tür meines Büros. Jana stand draußen. Sie fragte, ob ich Albert gesehen habe.

Ich habe an die Scheibe geklopft, sagte ich. Es war, als sähe er mich nicht.

Jana meinte, wir sollten jemanden verständigen, einen Arzt oder die Polizei oder wenigstens die Verwaltung. Ich sagte, ich fände es besser abzuwarten. Er hat seine Frau verloren. Ich kann verstehen, dass er nicht zu Hause herumsitzen will.

Am Mittag im Waaghaus war Biefer das einzige Gesprächsthema. Alle hatten ihn gesehen und diskutierten, was zu tun sei. Der Raum war verraucht, nur wenn jemand kam oder ging, drang ein Schwall kalter Winterluft herein. Der Mann, der die Bar führte, hatte die Musik leiser gestellt und diskutierte mit. Er kannte Biefer am längsten von allen. Er sagte, er habe versucht, die Tür zum Pförtnerhaus zu öffnen, aber sie sei abgeschlossen. Im Notfall werde man sie aufbrechen müssen. Ich sagte nichts von Biefers Auswanderungsplänen, und als Jana etwas sagen wollte, machte ich ihr ein Zeichen und schüttelte den Kopf. Plötzlich rief jemand, da ist er, und zeigte aus dem

Fenster. Draußen ging Biefer vorbei, mit schlurfenden Schritten, den Blick geradeaus. Er trug nur den dünnen Kittel, sein Gesicht war weiß vor Kälte. Einen Moment lang war es still, dann sagte der Journalist, jemand solle hinausgehen und versuchen, mit ihm zu sprechen. Wer kennt ihn am besten? Wir schauten uns gegenseitig an. Schließlich sagte Jana, sie werde es versuchen.

Wir standen am Fenster und schauten zu, wie sie neben Biefer herging und auf ihn einredete. Er sagte nichts, schaute geradeaus und ging einfach weiter. Nach einer Weile kam Jana zurück. Sie sagte, es habe keinen Sinn. Albert scheine sie gar nicht bemerkt zu haben. Der Journalist meinte, wir könnten nicht viel machen. Biefer sei ein freier Mensch. Niemand könne ihn zwingen, mit uns zu reden. Man könne allenfalls die Verwaltung verständigen. Aber alle waren sich einig, das sei keine gute Idee. Wir beschlossen abzuwarten. Etwas kleinlaut gingen wir zurück an die Arbeit.

Von nun an war Biefer jeden Tag da. Er saß die meiste Zeit an seinem angestammten Platz und ging nur manchmal über das Gelände. Jana versuchte noch ein paarmal mit ihm zu reden. Schließlich gab sie es auf. Sie erzählte mir, die Beileidskarte sei von der Post zurückgeschickt worden mit dem Vermerk, der Empfänger sei ohne Adressangabe weggezogen. Wir verabredeten uns für einen der nächsten Abende beim Geigenbauer, von dessen Atelier aus das Pförtnerhaus am besten einzusehen war. Wir wollten Biefer abpassen und sehen, wohin er ging.

Der Geigenbauer öffnete eine Flasche Wein und trank mit uns ein Glas. Um sieben gab er uns den Schlüssel und sagte, er gehe nach Hause. Jana und ich setzten uns ans Fenster, tranken den Wein und schauten zum Pförtnerhaus hinüber. Wir hatten das Licht gelöscht, um besser sehen zu können und um nicht entdeckt zu werden. Obwohl wir uns schon eine ganze Weile kannten, hatten wir nie mehr als ein paar Worte miteinander gewechselt. Jetzt fing Jana an zu erzählen von ihrer Kindheit im Bergdorf und wie sie mit sechzehn weggegangen sei, um die Matura zu machen. Seither habe sie kaum noch Kontakt mit ihrer Familie. Sie fahre höchstens einmal im Jahr in ihr Dorf. Ihre Eltern könnten nichts anfangen mit ihrer Kunst, und dass sie mit einer Frau zusammenlebe, habe sie ihnen gar nie erzählt. Sie könne sich vorstellen, wie sie reagieren würden. Ich fragte, was für Kunst sie eigentlich mache. Sie sagte, das sei schwer zu erklären, aber ich könne sie gerne einmal im Atelier besuchen, dann zeige sie mir die Sachen. Wir waren schon ein bisschen betrunken. Jana lachte und sagte, wir sollten Albert zu einem Glas Wein einladen. Dann schwiegen wir und schauten aus dem Fenster. Der

Mond war aufgegangen, er war fast voll und hell wie der Schnee. Sein Licht überstrahlte jenes der Scheinwerfer, die den verlassenen Platz beleuchteten. Im Schnee war ein verwirrendes Muster von Fuß- und Autospuren zu sehen. Drüben, im Fenster des Pförtnerhauses, brannte noch immer die kleine Lampe.

Hast du seinen Blick gesehen?, fragte Jana. Es sah aus, als wäre er mit seinen Gedanken weit weg. Ich frage mich, warum er ausgerechnet nach Kanada will, sagte ich. Hauptsache, man hat ein Ziel, sagte Jana.

Um elf stand Biefer auf und löschte das Licht. Dann geschah nichts mehr. Wir warteten eine Weile, aber als er nicht herauskam, gingen wir endlich nach Hause.

Der Januar war ungewöhnlich kalt in diesem Jahr. Am Ufer des Sees hatte sich Eis gebildet, das die Wellen zerbrach. Der Wind schob die Schollen übereinander zu wirren Landschaften von bezaubernder Schönheit. Der Schnee, der kurz nach Weihnachten gefallen war, blieb liegen und wurde kompakt und immer schmutziger. An manchen Stellen auf dem Gelände hatte er sich in eine dicke Eisschicht verwandelt. Wenn Biefer das Pförtnerhaus überhaupt noch verließ, ging er sehr langsam und fast ohne die Füße vom Boden zu heben.

Dann, eines Tages gegen Ende des Monats, war er verschwunden. Als ich am Morgen ins Büro kam, war kein Licht im Pförtnerhaus, und die Blenden waren heruntergezogen. Die Tür war nicht abgeschlossen. Ich öffnete sie vorsichtig und ging hinein. Es roch immer noch nach Pfeifenrauch, aber der Ofen war kalt. Ich brauchte einige Zeit, bis ich den Lichtschalter fand. Auch die Tür zum Hinterzimmer war nicht verschlossen. Der Raum war winzig. Auf dem Boden lag eine dünne Schaumstoffmatratze, sonst wies nichts darauf hin, dass jemand hier übernachtet hatte. Ich ging wieder nach vorne, zündete den Ölofen an und setzte mich ans Pult. Ich wartete, ich wusste nicht worauf. Wenn ein Auto auf das Gelände fuhr, hob ich instinktiv die Hand und grüßte. Langsam wurde es wärmer. Es dämmerte, aber der Himmel war immer noch grau und undurchdringlich. Gegen zehn kam Jana. Ich winkte ihr, und sie stellte das Fahrrad ab und kam zu mir herein.

Ist er weg?, fragte sie.

Ich habe auf dich gewartet, sagte ich.

Sie stand hinter mir, wie ich vor einem Monat hinter Albert Biefer gestanden hatte. Sie legte mir eine Hand auf die Schulter. Ich drehte mich zu ihr um und sie nickte mir zu. Erst jetzt, als hätte ich auf einen Zeugen gewartet, öffnete ich die Schublade. Ich war nicht erstaunt, die hellbraune Aktenmappe darin zu finden.

Siebenschläfer

DER MAI WAR DER SONNENÄRMSTE seit Messbeginn gewesen, seit hundertfünfzig Jahren, und der Juni fing nicht besser an. In der Scheune stand seit zehn Tagen ein Satz Salatsetzlinge, den Alfons wegen des dauernden Regens nicht hatte pflanzen können, und in drei Tagen kam schon der nächste. Das Kürbisfeld hätte er dringend jäten müssen, aber der Boden war so nass, dass der Traktor nur Schaden angerichtet hätte. Obwohl Alfons die Beete mit einem Vlies geschützt hatte, hatte die Bohnenfliege den größten Teil der Bohnen zerstört, und jetzt war es zu kalt, um neue zu stecken. Auch die Karotten würde er noch einmal aussäen müssen.

Als er um Mitternacht die Papiere mit einem Seufzer beiseitelegte, regnete es draußen. Als er am Morgen um sechs aufstand, regnete es noch immer. Nach dem Frühstück zog er Gummistiefel an und ging in den Obstgarten. Ratlos stand er unter den Apfelbäumen. Die Früchte waren schon so groß wie Walnüsse, aber die Bäume trugen schlecht, während der Blüte war es kalt gewesen, die Bienen hatten nur an wenigen Tagen ausfliegen können. Er ging zu den Bienenstöcken, hob den Deckel von einer der Holzkisten und betrachtete das Gewimmel. Die Bienen waren die einzigen Tiere auf seinem Hof, er hatte keinen Hund und keine Katze, nichts.

Er ging zum oberen Feld, wo er letztes Jahr einen zweiten Folientunnel aufgestellt hatte. Die Tomatenstauden waren grau vom Steinmehl, mit dem er sie bestäubt hatte, aber wenn es weiter so feucht bliebe, würde er Kupfer spritzen müssen, sonst ginge alles verloren. Die Paprikastauden waren mindestens zwei Wochen im Verzug, nur die Gurken wuchsen einigermaßen nach Plan. Er arbeitete eine Weile mit der Pendelhacke, obwohl er den Tunnel schon vor ein paar Tagen gejätet hatte. Wenigstens musste er so nicht untätig in der Stube hocken und daran denken, wie seine Kulturen zugrunde gingen.

Er fragte sich jetzt schon, wie er im November den Pachtzins zusammenkriegen solle, die zwanzigtausend für das Land und die Betriebsgebäude. Er war froh, wenn er jeden Monat die Miete für das Haus bezahlen konnte. Den Betriebskredit hatte er mit dem Kauf der Setzlinge und einer neuen Walzensämaschine ausgeschöpft, die Bank würde ihm kaum ein höheres Limit gewähren. Im schlimmsten Fall würde er den Vater um Geld bitten müssen oder Kurt, seinen Bruder, der mit dem Vater zusammen den elterlichen Betrieb führte. Alfons konnte sich gut erinnern, wie die beiden reagiert hatten, als er ihnen gesagt hatte, er habe einen Hof auf dem Seerücken gefunden. Jemand, der Gemüse anbaute, war für sie kein Bauer. Ein Bauer hielt Tiere, produzierte Milch, ging im Sommer auf die Alp.

Alfons hatte Kühe nie gemocht. Als Kind hatte er Angst gehabt vor den riesigen, torkelnden Tieren, später störte ihn der Mist, den er hatte wegmachen müssen, der Gestank, der alles zu durchdringen schien. Sogar die Milch roch nach Kuhmist, die Butter und der Käse. Auch mit den anderen Tieren auf dem elterlichen Hof hatte er nicht viel anfangen können, mit den Hühnern, den Kaninchen, mit den Schweinen. Nicht einmal den Hund mochte er, den kleinen, aggressiven Appenzeller, der seine Abneigung zu spüren und zu erwidern schien. Alle drei Geschwister mussten im Stall mit anpacken, aber sogar Verena, seine Schwester, molk besser als er. Wann immer er etwas freie Zeit gehabt hatte, war er im Gemüsegarten der Mutter zu finden gewesen, wo er mit Hingabe arbeitete. Er liebte den Geruch der Erde, das würzige

Aroma der Tomatenstauden und der Minze, das zarte, immer wieder andere des Komposts. Er schaffte es, Gemüsesorten zu ziehen, die sonst im rauen Voralpenklima nicht gediehen, Paprika und Auberginen, mit denen die Mutter nichts anzufangen wusste.

Nach dem Ende der Schulzeit half er dem Vater noch ein Jahr, bis Kurt die Lehre abgeschlossen hatte. Es war von Anfang an klar gewesen, dass der Bruder den Betrieb übernehmen würde. Die Eltern zuckten nur mit den Schultern, als Alfons sagte, er habe eine Lehrstelle bei einem Gemüseproduzenten am Bodensee gefunden.

Der Lehrbetrieb lag an einem leicht abfallenden Nordosthang. Alfons liebte die sanften Hügelzüge und den weiten Blick. Bei der Arbeit konnte er die riesige Wasserfläche sehen, die sich unter ihm ausbreitete und die bei jedem Wetter anders aussah. Wenn es klar war, konnte er bis nach Langenargen am deutschen Ufer sehen, aber am liebsten waren ihm die Tage, an denen Dunst lag über dem See und er kein Ende zu haben schien. So stellte sich Alfons das Meer vor, eine unendliche Weite, hinter der eine andere Welt begann, ein anderes Leben. Er hatte sich in dieser Landschaft vom ersten Tag an heimischer gefühlt als zu Hause.

Während der Lehre wohnte er im oberen Stockwerk des Verwaltungsgebäudes, ein schmuckloser

Zweckbau, wo es ein paar einfache Zimmer gab. Die Toilette und die Dusche teilte er sich mit zwei kroatischen Arbeitern, mit denen er sich nicht schlecht verstand, aber außer bei der Arbeit keinen Kontakt hatte. Auch während der Blockkurse in der Landwirtschaftlichen Schule fand er keinen Anschluss. Er war von Anfang an der Außenseiter der Klasse gewesen. Die meisten seiner Schulkameraden stammten aus der Gegend, kamen von großen Betrieben, hatten Autos oder Motorräder und kleideten sich wie die Jugendlichen aus der Stadt. Sie machten sich über Alfons' Kleidung lustig und über seinen Dialekt, bis er nur noch das Nötigste sagte. Die Lehrer mochten ihn, er war ein guter Schüler, und auch in der praktischen Arbeit war er einer der Besten.

Nach der Lehre hatte Alfons noch eine Zeitlang in seinem Lehrbetrieb weitergearbeitet. Er wohnte immer noch im kleinen Zimmer über den Büros, obwohl er sich jetzt etwas Besseres hätte leisten können. Aber er brauchte keine Wohnung, er sparte, um sich seinen Traum zu erfüllen, einen eigenen Betrieb, auf dem er seine Ideen umsetzen könnte.

Vielleicht hatte er den Hof zu früh übernommen. Er war erst dreiundzwanzig, als er sich auf das Inserat meldete. Der Betrieb lag ebenfalls auf dem Seerücken, an der vom See abgewandten Seite, etwas außerhalb eines kleinen Dorfes. Ein Stück Wald gehörte dazu und zwölf Hektar Ackerland, gerade genug für einen allein. Er gehörte einem reichen Bauern aus dem Kanton Zürich, der ihn für seinen Sohn gekauft hatte, aber der hatte einen anderen Beruf gewählt, und so war der Hof frei geworden. Alfons fragte sich, weshalb ausgerechnet er als einer von den zwanzig Bewerbern die Pacht bekam. Vielleicht sah der Bauer in ihm den Sohn, den jungen Mann, der Träume hatte und sein Glück versuchte. Alfons' Vater half mit der Anzahlung. Sie unterschrieben den Vertrag im Wirtshaus und stießen mit einem Glas Wein darauf an. Jetzt brauchst du nur noch eine Frau, die dir den Betrieb zusammenhält, sagte der Zürcher. Alfons nickte vage und murmelte etwas.

Auch seine Eltern lagen ihm dauernd in den Ohren damit. Hast du eine Freundin? Wie sind die Thurgauerinnen? Gibt es bald Nachwuchs? Was machst du denn die ganze Zeit?, fragte sein Bruder. Du kannst doch nicht immer zu Hause hocken. So wird das nie was. Aber Alfons rechnete nicht in Wochen, Monaten oder Jahren. Er rechnete in Tagen, und jeden Tag sagte er sich, heute nicht, ich bin müde, ich muss noch die Zahlungen machen, die Sämaschine vorbereiten, nach den Bienen schauen. So waren fast unmerklich drei Jahre vergangen, ohne dass er etwas unternommen hatte, eine Frau zu finden.

Kurt hatte ein Mädchen geheiratet, mit dem er zur Schule gegangen war, Verena lebte seit Jahren in einer festen Beziehung, und es war eine Frage der Zeit, bis auch sie heiraten würde. Nur Alfons war allein. Er war Mitglied des Schützenvereins, aber der nahm keine Frauen auf. Im Turnverein wurde ihm zu viel getrunken und zu wenig geturnt, und in den Chor mochte er nicht gehen, obwohl er gerne sang. Einmal hatte er eine Veranstaltung der Landjugend besucht, aber dort hatten sich alle schon gekannt, und er hatte sich nicht wohl gefühlt. Manchmal ging er abends ins Wirtshaus, die Kellnerin gefiel ihm, aber er hätte nicht gewusst, wie er ihr das hätte sagen sollen unter den Augen des ganzen Dorfes. Und so wie sie aussah, wollte sie bestimmt nicht Bäuerin werden. Die meisten Abende verbrachte er zu Hause und rechnete. Er führte eine genaue Buchhaltung über jede Kultur, berechnete die Erträge, verglich sie mit jenen der Vorjahre und mit den Kennzahlen des Verbandes. Jeden Morgen und jeden Abend notierte er die Temperatur, den Luftdruck und die Luftfeuchtigkeit. Er erstellte Diagramme und beobachtete die Entwicklung des Wetters. Auch über seine Ausgaben führte er genau Buch, über den Heizöl-, den Wasser- und den Stromverbrauch. Was auch immer sich in Zahlen fassen ließ, schrieb er auf.

Gegen Mittag hörte der Regen auf, und aus dem trüben Grau formte sich eine dichte Decke kleiner Wolken. Alfons holte die Salatsetzlinge in der Scheune und warf sie auf den Kompost. Es kam ihm vor, als würde er bares Geld wegwerfen, aber er hatte keine Wahl, es war sinnlos, mehr zu produzieren, als der Markt verlangte. In den Nachrichten sagten sie, das Wetter werde besser. Bis die Felder abgetrocknet sein würden und er mit dem Traktor hineinfahren könnte, würde es mindestens zwei oder drei Tage dauern.

Während er das Geschirr spülte, hörte er von draußen Motorenlärm. Er trocknete die Hände ab und schaute aus dem Fenster. Ein großer Lastwagen stand auf der Wiese des Nachbarn jenseits der Straße, und ein paar junge Männer rollten die Plane hoch. Dann verteilten sie sich, als suchten sie nach etwas.

Alfons trat vor das Haus und ging ein paar Schritte näher, dann erkannte er einen der Männer, Klemens, den Sohn des Zimmermanns, und ihm fiel ein, dass das die Leute vom Open Air sein mussten. Die Idee war im Winter entstanden und wochenlang das Gesprächsthema im Dorf gewesen. Die Landjugend wollte ein Open Air organisieren, ein Festival mit lokalen Bands, einer Wirtschaft und Spielen für die Kinder. Im Januar war Klemens vorbeigekommen. Er hatte sich als Präsident des Organisationskomitees vorgestellt und hatte Alfons gesagt, das Festival finde auf der Wiese unterhalb seines Hauses statt, ob sie Strom und Wasser von ihm beziehen könnten. Natürlich würden Zähler installiert, und alles würde korrekt abgerechnet. Es war Alfons nicht viel anderes übriggeblieben, als ja zu sagen. Dann hatte er nichts mehr von den Organisatoren gehört und die Sache vergessen.

Er hatte sich gewundert, als sein Nachbar vor ein paar Tagen einen Teil der Wiese gemäht hatte, obwohl das Gras noch nicht hoch war. Dort stand jetzt der Lastwagen, und die Männer fingen an, Holz abzuladen. Alfons ging hinunter und fragte sie, wann das Open Air stattfinden würde. In zehn Tagen, sagte Klemens, am letzten Juniwochenende. Der Sonntag ist der Siebenschläfertag, sagte Alfons. Klemens fragte, was das bedeute, und Alfons erklärte es ihm. Er hatte die Geschichte im Bauernkalender gelesen. Am Siebenschläfertag waren nach einer alten Legende sieben Christen gefunden worden, die während der Römerzeit in einer Höhle eingemauert worden waren und zweihundert Jahre lang schlafend überlebt hatten. Der Tag kündigte nach einer Bauernregel das Wetter für die nächsten sieben Wochen an. Dann können wir ja nur hoffen, es wird bis dahin besser, sagte Klemens und wandte sich ab, um weiterzuarbeiten.

Alfons hackte den ganzen Nachmittag Unkraut auf dem Selleriefeld. Als er um sechs zurück zum Haus kam, war der Lastwagen verschwunden, aber im Gras lagen Stapel von Brettern und Balken. Die jungen Männer waren dabei, am unteren Ende der Wiese ein großes weißes Zelt aufzustellen. Sie arbeiteten, bis es dunkel wurde, dann machten sie ein Feuer und tranken Bier. Sie hatten einen CD-Spieler dabei, und Alfons hörte durch das geschlossene Fenster die entfernte Musik und das Lachen und Rufen der Männer. Erst nach Mitternacht wurde es still.

Am nächsten Tag kam ein Arbeiter von den Technischen Betrieben und legte improvisierte Strom- und Wasserleitungen von Alfons' Keller über die Straße bis hinunter zur Wiese. Alfons kannte ihn vom Schützenverein. Er bot ihm eine Tasse Kaffee an, und sie redeten ein wenig über das Open Air. Der Arbeiter sagte, er finde es gut, dass die jungen Leute etwas auf die Beine stellen würden, statt Drogen zu nehmen und Unsinn zu machen. Obwohl Alfons jünger war als manche der Organisatoren, sprach der Arbeiter zu ihm wie zu einem der Alten.

Die Männer mussten Ferien genommen haben, sie kamen von jetzt an jeden Tag und arbeiteten vom frühen Morgen bis spät am Abend. Sie zimmerten eine Bühne, umzäunten das Gelände und stellten ein zweites Zelt auf. Ein Toilettenwagen wurde gebracht, Kühlschränke und Waschtröge wurden installiert.

Einmal stand ein Lieferwagen mit schwarzer Plane hinter der Bühne, und ein paar Männer in schwarzen T-Shirts montierten Scheinwerfer und Lautsprecher. Als Alfons nach dem Mittagessen auf dem Feld oben am Waldrand arbeitete, hörte er die Stimme eines Mannes. One, two, zählte sie immer wieder, ein schrilles Pfeifen war zu hören, dann wieder one, two, one, two, den ganzen Nachmittag lang.

Manchmal kam jemand vom Gelände herauf und bat Alfons um ein Werkzeug, um Heftpflaster oder eine Schubkarre, was gerade fehlte. Er holte das Gewünschte und sagte, es sei schon recht. Oskar, der Nachbar, erschien fast jeden Tag einmal auf der Wiese, um nach dem Rechten zu schauen. Er parkte seinen Subaru im Gras und schaute den Arbeitern zu, scherzte mit ihnen und packte mit an, wenn es nötig war.

Das Wetter war die ganze Woche über kühl, aber sonnig. Alfons konnte endlich die Bohnen stecken und mit den Maschinen auf die Felder. Am Abend war er müde, er las nur schnell die Wetterdaten ab und legte sich früh schlafen. Dann hörte er die Musik und die Stimmen der Männer, die nach der Arbeit ums Feuer saßen. Der Lärm störte ihn nicht, im Gegenteil, er hatte zum ersten Mal das Gefühl, Teil des Dorfes zu sein.

Am Freitagmorgen fing es wieder an zu regnen.

Alfons arbeitete den ganzen Tag im Tunnel, nur mittags ging er kurz ins Haus, um zu essen. Er sah drei Männer und eine Frau, die aus einem weißen Minibus Instrumente ausluden und zur Bühne trugen. Als er am Abend von der Arbeit kam, waren am unteren Ende der Wiese schon ein paar kleine Zelte aufgestellt worden, und auf dem Gelände standen die ersten Besucher herum, die meisten trugen Regencapes, einige hatten Regenschirme aufgespannt. Vom improvisierten Parkplatz etwas näher am Dorf kamen kleinere und größere Gruppen von Leuten herauf. Im großen Esszelt brannte Licht, obwohl es noch nicht dunkel war. Die Tische waren zur Hälfte besetzt. Alfons überlegte kurz, ob er hinuntergehen solle, aber er war schon den ganzen Tag draußen gewesen und kochte lieber selbst etwas und aß im Haus.

Die Musik begann kurz nach sechs. Alfons hörte die Abendnachrichten, als sie plötzlich da war, so laut, als stünden die Musiker in seiner Stube. Er schaute aus dem Fenster. Vor der Bühne hatte sich trotz des Regens eine Menschenmenge gebildet. Was auf der Bühne vorging, konnte er von hier aus nicht sehen. Er setzte sich ans Fenster, öffnete es einen Spaltbreit und hörte eine Weile lang zu. Obwohl die Musik sehr laut war, war das Rauschen des Regens deutlich zu hören. Während der Umbaupause war es etwas stiller, und Alfons setzte sich an den Schreibtisch und stellte ein paar Berechnungen an, aber sobald die zweite Gruppe anfing zu spielen, konnte er sich nicht mehr konzentrieren, und er nahm wieder seinen Platz am Fenster ein. Inzwischen waren noch mehr Leute eingetroffen, die Wiese war ziemlich voll. Fünfhundert Personen, schätzte Alfons und multiplizierte die Zahl mit dem Eintrittspreis. Die Festwirtschaft würde einiges abwerfen, vielleicht auch die T-Shirts mit dem Logo des Open Airs. Er hatte keine Ahnung, was die Bands für ihren Auftritt bekamen, was die Anlage kostete. Das Baumaterial hatte vermutlich Klemens' Vater zur Verfügung gestellt, aber wenn man all die Arbeit berücksichtigte, die die Männer geleistet hatten, schaute am Ende bestimmt nichts heraus.

Es gab noch einmal eine Umbaupause, und eine dritte Band fing an zu spielen, noch lauter als die zwei vorigen. Inzwischen war es dunkel, und von der Bühne flackerte buntes Licht. Ganz vorne tanzten ein paar Leute. Das Publikum weiter hinten bewegte sich langsamer, wankte hin und her, als versuche es auf bewegtem Untergrund das Gleichgewicht zu halten. Ganz hinten kamen und gingen die Zuhörer. Einige saßen trotz des Regens im Gras.

Alfons lag schon im Bett, als die Musik um Punkt eins verstummte. Ein langgezogener Gitarrenakkord war zu hören, ein letztes Aufbäumen des Schlagzeugs und dann etwas Applaus, der bald völliger Stille wich. Alfons stand noch einmal auf und schaute aus dem Fenster seines Schlafzimmers. Unter dem Dach der Bühne brannten jetzt zwei helle Strahler und leuchteten ins Publikum. Die Menge löste sich auf, die Besucher zogen zu den Zelten und zum Parkplatz. Ein leichter Dunst schien von den Leuten aufzusteigen, und Alfons musste an die Kühe seines Vaters denken, wenn sie dampfend auf der Wiese standen im Regen oder im Nebel.

Vor dem Toilettenwagen bildeten sich zwei Schlangen, und auf dem Zeltplatz waren die umherschweifenden Strahlen von Taschenlampen zu sehen. Auf der Straße stand ein Lieferwagen mit laufendem Motor und brennenden Scheinwerfern. Alfons sah die Band in den Wagen steigen und davonfahren. Er war froh, ein warmes Bett zu haben und nicht da draußen übernachten zu müssen.

Obwohl er so spät eingeschlafen war und es Samstag war, stand er um sechs Uhr auf. Er frühstückte, las die Daten der Wetterstation ab und spazierte dann zum Festivalgelände hinunter. Es regnete nicht mehr, aber der Himmel war bewölkt, es konnte jederzeit wieder anfangen. Der Eingang war unbewacht. Die Wiese hatte sich in einen Morast verwandelt, in der Nähe der Bühne war vom Gras kaum noch etwas zu sehen. Überall lagen Abfälle, leere Flaschen und Zigarettenschachteln. Alles schien noch zu schlafen, nur im Esszelt waren zwei junge Frauen an der Arbeit. Sie begrüßten Alfons, und er fragte, ob es schon Kaffee gebe. In fünf Minuten, sagte die Jüngere der beiden, und die Brötchen sollten auch gleich da sein. Bist du nicht die Freundin von Klemens?, fragte Alfons und gab ihr die Hand. Jasmin, sagte sie. Ihr Vater hatte die Landmaschinenwerkstatt im Dorf, von ihm hatte Alfons die Sämaschine gekauft.

Hat dich die Musik nicht gestört gestern Nacht?, fragte Jasmin. Alfons zuckte mit den Schultern. Wenn ihr so weitermacht, kann Oskar hier am Montag Kartoffeln pflanzen. Sie lachte. Wie viele Leute waren das gestern?, fragte er, fünfhundert? Ich weiß es nicht genau, wir haben im Vorverkauf sechshundert Festivalpässe verkauft, aber ein Teil der Leute kommt wohl erst heute. Oder gar nicht, wenn das Wetter nicht besser wird. Habt ihr kein Stroh für die Wiese? Oskar hat versprochen, er bringt welches, sagte Jasmin, hoffentlich schafft er es, bevor die Leute aufstehen.

Klemens kam über die Wiese, in den Händen vier Papiertüten. Er grüßte Alfons und stellte die Tüten mit den Brötchen auf die Theke. Dann zog er ein weißes Plastikarmband aus der Tasche und reichte es ihm. Das wollte ich dir noch geben, falls du mal runterkommen willst. Aber du hast ja einen Logenplatz da oben. Oder hörst du lieber Volksmusik? Ich höre gar keine Musik, sagte Alfons und kam sich plötzlich wieder wie ein Außenseiter vor. Appenzeller Volksmusik, sagte Klemens lachend. Die andere Frau brachte eine Pumpkanne und füllte vier Plastiktassen mit Kaffee. Sie reichte Alfons eine davon und sagte, ich bin Lydia. Er bedankte sich. Das Gespräch stockte, alle tranken ihren Kaffee, jeder schaute in eine andere Richtung. Schließlich fragte Alfons Lydia, ob sie auch im Dorf wohne. Die Frage war ihm peinlich vor den beiden anderen. Klemens fasste sich an die Stirn und sagte, der Kopf tue ihm weh, er habe es gestern wohl etwas übertrieben. Er setzte sich auf eine der Festbänke. Jasmin trat zu ihm und streichelte seinen Kopf.

Ich bin Lehrerin, sagte Lydia, und als Alfons sie verständnislos anschaute, ich wohne in Weinfelden, aber ich arbeite hier. Ich bin die neue Lehrerin. Herr Tobler ist pensioniert?, fragte Alfons. Lydia nickte. Du führst den Hof da oben? Ja, sagte er, ich bin auch nicht von hier. Sie lachte und sagte, das hört man. Ich baue Gemüse an, sagte er, Biogemüse. Ich kaufe nur Biogemüse, sagte sie, fast nur. Wenn du bei der Landwirtschaftlichen Genossenschaft einkaufst, hast du bestimmt schon Sachen von mir gegessen, sagte Alfons. Lydia lächelte. Er wusste nicht, was er noch sagen sollte. Schließlich fragte er, was er schuldig sei.

Das geht aufs Haus, sagte sie, und er bedankte sich noch einmal und ging.

Alfons kaufte ein, er bezahlte Rechnungen, schaute im Tunnel und bei den Bienenstöcken nach dem Rechten. Immer wieder musste er an Lydia denken. Sie war keine Schönheit, sie war klein und rundlich, ihr Haar war sehr kurz geschnitten, und sie hatte ziemlich viel Akne im Gesicht. Aber sie hatte eine nette Art und eine schöne, warme Stimme.

Am Mittag ging er wieder hinunter. Der Himmel war immer noch bewölkt, es war schwülwarm. Er zeigte dem Burschen am Eingang sein weißes Plastikarmband. Der bestand darauf, dass er es anziehe, und es gab eine lange Diskussion. Schließlich gab Alfons nach. Auf der Bühne spielte eine Band eine Mischung aus Rock und Volksmusik. Die Musik war viel weniger laut als gestern Abend, und Alfons stand eine Weile im verstreuten Publikum. Dann ging er zum Esszelt und holte sich eine Portion Makkaroni mit Tomatensauce. Er schaute sich nach Lydia um, aber sie war nicht da. Nach dem Essen ging er wieder hinauf zum Hof.

Am Nachmittag werkelte er an den Maschinen herum, als er plötzlich Lydias Stimme hörte. Ist jemand da? Alfons richtete sich auf und sah sie im Tor der Scheune stehen. Hier bin ich, sagte er und ging auf sie zu. Seine Hände waren ölverschmiert, und er machte ein entschuldigendes Gesicht. Lydia ergriff seinen Unterarm, schüttelte ihn und sagte, hallo, ich wollte nur mal vorbeischauen. Kann ich mich mit einem Kaffee revanchieren? Gern, sagte sie, ob er auch etwas anderes habe?

Alfons schrubbte sich die Hände im Trog, dann führte er Lydia ins Haus und schenkte zwei Gläser von seinem selbstgepressten Apfelsaft ein. Musst du nicht mehr arbeiten?, fragte er. Ich war in der Frühschicht, sagte sie. Stimmt. Alfons nickte. Alle wollten in die Spätschicht, sagte sie und lächelte. Aber ich bin gewohnt, früh aufzustehen. Ich stehe auch früh auf, sagte er. Ich dachte, nur die Milchbauern müssen früh raus. Mein Vater hat Kühe. Wenn man sich mal dran gewöhnt hat, kann man gar nicht mehr anders. Er schenkte nach, und sie tranken schweigend den Apfelsaft. Soll ich dir den Hof zeigen? Gern, sagte Lydia und stand auf.

Alfons war überrascht, wie viel Lydia wusste. Bei den Bienen fragte sie, ob er auch Probleme habe, sie habe gelesen, viele Bienenvölker seien krank. Ich habe Glück gehabt, sagte er, ich habe nur ein Volk verloren, und das war nicht wegen einer Krankheit. Die Königin muss alt gewesen sein. Sie haben noch eine nachgeschafft im Herbst, aber es war zu spät. Vermutlich gab es keine Drohnen mehr, um sie zu begatten. Im Frühling war der Stock leer. Ein paar einzelne Bienen schwirrten um ihre Köpfe, Lydia duckte sich, und Alfons verscheuchte die Tiere mit einer Handbewegung. Danke, sagte sie und lächelte.

Er wunderte sich, wie viel er zu erzählen hatte, während er sie herumführte. Er zeigte ihr den Obstgarten und die Gemüsefelder, sprach von biologischen Düngemitteln und von der Schädlingsbekämpfung. Die Bauern in der Ebene können ihre Felder mit Grundwasser bewässern, oder sie pumpen es aus der Thur, sagte er, aber ich habe kein Wasser hier oben. Nur das vom Hydranten, das ist zu teuer.

Die Musik war die ganze Zeit leise zu hören gewesen, ein Liedermacher sang für die Kinder, ein Komiker trat auf, und später spielte eine Gruppe mittelalterliche Weisen. Dazwischen gab es lange Umbaupausen, in denen Musik von CDs lief. Es fing wieder an zu regnen. Lydia fragte, ob Alfons mit essen komme. Wir können uns ja ins Zelt setzen.

Als sie nach einem Platz an einem der Tische Ausschau hielten, wurde die Musik plötzlich wieder laut, und die Leute standen auf und strömten zur Bühne. Während des Essens wechselten Alfons und Lydia nur wenige Worte, sie mussten schreien, damit sie sich verstanden. Es ist erstaunlich, schrie Lydia, im Dorf unten hört man fast nichts von der Musik. Kennst du diese

Gruppe?, schrie Alfons zurück. Sie schüttelte den Kopf und schob ihm ein Programm zu, das auf dem Tisch lag. Er kannte keine einzige der Bands. Sie zeigte mit dem Finger auf einen Namen, beugte sich über den Tisch und sagte ganz nah an seinem Ohr, die hier will ich hören. Er las den Namen der Gruppe, Galgevögel, und zuckte mit den Schultern. Nie gehört.

Als sie fertig gegessen hatten, wollte auch Lydia zur Bühne, und Alfons folgte ihr. Sie schlängelten sich durch das Publikum, das noch nicht sehr dicht stand, bis ganz nach vorne. Er blieb immer hinter ihr. Die Band spielte irgendetwas Südamerikanisches, und Lydia fing an zu tanzen. Erst wiegte sie nur die Schultern und drehte den Kopf hin und her, als würde sie jemanden suchen, dann fing sie an, die Hände zu verdrehen, die Arme, sie machte kreisende Bewegungen mit dem Becken wie eine Bauchtänzerin. Lydia war eine der wenigen, die tanzten, aber das schien sie nicht zu stören. Ihre Bewegungen hatten etwas Fließendes, sie wirkten natürlich und unangestrengt. Es war, als würde sie die anderen anstecken, nach einer Weile tanzten alle um Alfons herum, nur er stand da und fühlte sich immer unwohler. Er war froh, als die Band ihr letztes Stück gespielt hatte und unter Applaus die Bühne verließ. Lydia drehte sich zu ihm um und nahm ihn an der Hand und zog ihn aus dem Gewühl. Ihr Gesicht und ihr Haar glänzten vom

Regen und von der Anstrengung. Da, wo das Publikum weniger dicht stand, ließ sie seine Hand los, und sie gingen nebeneinander zum Esszelt. Ich habe Durst, sagte sie und wischte sich mit der Hand den Schweiß von der Stirn. Es war immer noch warm.

Kaum fing die nächste Gruppe zu spielen an, wollte Lydia wieder nach vorn. Sie zeigte auf Alfons' Stiefel und sagte, kein Wunder, so kannst du natürlich nicht tanzen. Ihre Füße steckten in von Dreck verklebten Flip-Flops. Er zögerte kurz, dann zog er die Stiefel und die Socken aus, stellte sie neben die Theke und folgte ihr. Er schaute sich unsicher um, aber alle waren mit sich selbst beschäftigt, niemanden schien seine Anwesenheit zu stören. Lydia fing sofort wieder an zu tanzen. Das Gedränge vor der Bühne war jetzt dichter, und Alfons wurde immer wieder von Leuten angestoßen. Schließlich fing er selbst an, sich zu bewegen, erst nur, um auszuweichen, dann in einer Art Tanz, einem Hin- und Hertorkeln im Rhythmus der Musik. Vielleicht war es das Bier, das ihn lockerer machte, vielleicht die einbrechende Dunkelheit. Es war ihm egal, als er in der Nähe Klemens und Jasmin sah, die ebenfalls tanzten, und er schloss die Augen und hob das Gesicht zum Himmel und spürte die feinen Regentropfen und den Morast, in dem seine nackten Füße versanken.

Während der nächsten Umbaupause blieben sie vor

der Bühne stehen, ohne viel zu reden. Dann kam die Gruppe, die Lydia hatte hören wollen, vier Männer um die fünfzig. Sie sind seit zehn Jahren nicht mehr zusammen aufgetreten, sagte Lydia, der eine ist beim Fernsehen, der da. Es war keine Tanzmusik, aber viele im Publikum schienen die Lieder zu kennen, sangen mit und tanzten, so gut es eben ging. Alfons stand dicht hinter Lydia. Während einer Ballade lehnte sie sich an ihn, und er legte seine Hände um ihre Taille und spürte ihre Bewegungen. *Blib no do*, sangen die Männer, *chasch mi doch so nöd verlo*. Als Alfons sich umschaute, sah er Jasmin, die ihn anlächelte und ihm zunickte, und er lächelte auch.

Sie blieben bis zum Ende. Dann gingen sie zum Festzelt und tranken ein Bier. Überall standen Leute herum und diskutierten und lachten. Alfons fand seine Stiefel wieder, er trug sie in der Hand und verließ mit Lydia das Festivalgelände. Am Eingang stand niemand mehr, und er riss sich das weiße Plastikarmband ab. Er schaute auf den Boden, der voller Müll war, dann steckte er das Armband in die Tasche. Du bist nicht mit dem Zelt hier?, fragte er, als sie oben an der Straße angekommen waren. Vom Parkplatz weiter unten war das Knallen von Autotüren zu hören und Motorenlärm, der sich entfernte und dann ganz erstarb. Nein, sagte Lydia. Ich habe es mir überlegt, aber als die Wetterprognose so schlecht war, hatte ich keine Lust. Und jetzt musst du noch nach Hause fahren? Geht das? Das letzte Bier hätte ich vielleicht nicht trinken sollen, sagte Lydia und lächelte ihn an. Sie schwiegen beide. Also dann, sagte sie endlich und legte eine Hand auf seinen Oberarm, da schaffte er endlich auszusprechen, woran er schon den ganzen Abend gedacht hatte. Wenn du willst, kannst du bei mir übernachten. Ich habe Platz genug. Lydia sagte sofort ja und hängte sich bei ihm ein, und sie gingen zusammen hoch zum Haus.

Vor dem Haus wuschen sie sich die Füße im Brunnentrog. Lydia hielt sich an Alfons fest. Ich bin ein bisschen betrunken, sagte sie, gut, dass ich nicht mehr fahren muss. Morgen ist der Siebenschläfertag, sagte er. Wenn es da regnet, dann regnet es sieben Wochen lang. Sind die Siebenschläfer nicht längst wach?, fragte Lydia. Es ist nur eine Bauernregel, sagte Alfons, aber sie stimmt in zwei Dritteln der Fälle. Es hat irgendetwas mit dem Jetstream zu tun. Dann wollen wir hoffen, morgen wird ein schöner Tag, sagte sie und drückte seinen Arm.

Alfons stand vor dem Schrank in seinem Schlafzimmer und nahm frische Bettwäsche heraus und ein Handtuch. Als er sich umdrehte, stand Lydia dicht hinter ihm. Mach dir wegen mir keine Mühe, sagte sie und nahm ihm die Sachen aus der Hand. Ich brauche kein eigenes Bett. Er wusste nicht recht, was sie damit sagen wollte. Er zwängte sich an ihr vorbei und führte sie ins Gästezimmer, das fast nie benutzt worden war und das ihm als Büro diente. Ich hoffe, der Computer stört dich nicht. Er fing an, das Bett zu beziehen. Lydia half ihm dabei und lächelte ihm wieder zu.

Alfons zeigte ihr das Bad und fragte, ob sie eine Zahnbürste brauche oder sonst etwas. Hättest du ein T-Shirt für mich?, fragte sie, meine Sachen sind total verschwitzt. Während sie duschte, setzte er sich an den Computer und rief seine Mails ab. Er erwartete keine Nachrichten, aber der Gedanke, in Lydias Zimmer zu sein, beglückte ihn. Plötzlich stand sie hinter ihm, legte ihm eine Hand auf die Schulter und bat ihn noch einmal um ein T-Shirt. Sie hatte sich ins Handtuch gewickelt. Alfons führte sie in sein Schlafzimmer und öffnete den Schrank und sagte, such dir etwas aus. Sie kramte in seinen Sachen, zog T-Shirts heraus, hielt sie vor sich hin und schnitt alberne Grimassen. Sogar ein Paar seiner sauber gefalteten Boxershorts nahm sie heraus und machte eine Bemerkung. Alfons nahm es ihr aus der Hand, faltete es zusammen und legte es zurück in den Schrank. Schließlich entschied sich Lydia für ein weißes T-Shirt, auf dem *Der Schreiner – Ihr Macher* stand. Sie drehte sich um und ließ das Handtuch fallen, so dass sie ganz nackt vor ihm stand. Er betrachtete ihren Rücken und ihre Schultern, auf denen ein paar Wassertropfen zu sehen waren. Er hatte schon die Hand gehoben, um sie wegzuwischen, als Lydia sich das T-Shirt über den Kopf zog und sich gleichzeitig umdrehte. Für einen Moment sah er ihre Brüste, die kleiner waren, als er sie sich vorgestellt hatte. Er musste daran denken, wie Kurt ihm das Melken beigebracht hatte. Er hatte ihm gezeigt, wie er das Euter vor dem Anschließen der Melkmaschine massieren musste. Nicht so zimperlich, hatte er gesagt, stell dir vor, es sind die Brüste einer Frau. Zehn oder zwölf Jahre alt war Alfons damals gewesen, der Ratschlag hatte ihm nicht viel geholfen, im Gegenteil. Willst du nicht auch duschen?, fragte Lydia. Ja, klar, sagte er, obwohl er normalerweise am Morgen duschte.

Auf dem Boden des Badezimmers lagen Lydias Kleider. Alfons hob sie hoch und strich mit der Hand über den feinen, etwas feuchten Stoff. Dann faltete er sie zusammen und legte sie auf den Deckel der Toilette. Nach dem Duschen zog er seinen Pyjama an und trat aus dem Bad. Lydia stand im Flur, als habe sie auf ihn gewartet, in der Hand eine Flasche Bier. Ich habe mich selbst bedient, sagte sie und hielt ihm die Flasche hin. Er nahm einen großen Schluck und reichte sie ihr zurück. Hast du nichts zum Rauchen hier?, fragte sie. Ich rauche nicht, sagte er, tut mir leid. Du bist doch Gemüsebauer, sagte Lydia und lachte. Ob er nicht von dem Bauern gehört habe, der mitten in seinem Maisfeld eine Hanfplantage eingerichtet habe. Die Polizei habe die Pflanzung dank Luftbildern entdeckt. Das sei ganz in der Nähe gewesen. Ich nehme keine Drogen, sagte Alfons. Er wünschte sich plötzlich, er hätte Lydia nicht zu sich nach Hause eingeladen. Ich auch nicht, sagte sie verstimmt. Sie trank die Flasche mit ein paar Schlucken leer, reichte sie Alfons und sagte, sie werde doch zu Hause übernachten, sie sei gar nicht müde und um diese Zeit seien bestimmt keine Polizeistreifen mehr unterwegs. Sie zog das T-Shirt aus, warf es auf den Boden und ging ins Bad. Er folgte ihr und schaute zu, wie sie sich anzog. Erst als sie fertig war und ihn anschaute, sah er, dass ihre Augen feucht waren. Da trat er auf sie zu und wischte mit dem Daumen die Tränen weg und küsste sie, erst auf die Stirn, dann auf den Mund. Geh nicht, flüsterte er, geh noch nicht.

Der letzte Romantiker

DIE GANZE LEKTION ÜBER war Michael nicht richtig konzentriert gewesen. Sara hatte sich gesagt, es sei wegen der Hitze oder der bevorstehenden Sommerferien. Als er zum fünften Mal denselben Fehler machte, unterdrückte sie ihren Ärger und sagte, das hat keinen Sinn, du bist wohl schon mit dem Kopf am Strand. Da drehte er sich zu ihr und schaute sie mit großen Augen an, es sah aus, als finge er gleich an zu weinen. Das kommt schon, sagte Sara, legte ihm die Hand auf die Schulter und stand auf. Michael senkte den Blick und murmelte, er werde nach den Sommerferien nicht mehr in den Klavierunterricht kommen. Deswegen musst du doch nicht gleich aufgeben, sagte Sara, es ist noch kein Meister vom Himmel gefallen. Das ist nicht der Grund, sagte Michael. Seine Eltern hätten gesagt, er könne nicht Schwimmen und Klavier spielen, sonst komme die

Schule zu kurz. Er stand mit hängenden Schultern neben dem Klavier. Es tut mir leid. Wegen einer Stunde pro Woche?, sagte Sara. Wie oft gehst du zum Schwimmtraining? Vier-, fünfmal, sagte Michael, aber das Üben. Sara lachte spöttisch. Du übst doch kaum, gib es zu. Eben, sagte Michael. Vielleicht ist Clementi einfach nicht das Richtige für dich. Willst du lieber etwas Modernes spielen? Etwas Rockiges? Michael senkte den Kopf, und sie standen sich einen Moment lang stumm gegenüber, dann packte der Junge seine Noten ein und streckte der Klavierlehrerin die Hand hin. Auf Wiedersehen, Frau Wenger, und schöne Ferien. Ich rufe deine Eltern an, sagte Sara.

Es war die letzte Unterrichtsstunde an diesem Nachmittag. Sara begleitete Michael nicht wie sonst hinaus in den Flur. Sie setzte sich an das Klavier und wartete, bis sie die Wohnungstür hinter ihm zufallen hörte. Dann fing sie an zu spielen, den ersten Satz von Rachmaninows *Zweitem Klavierkonzert*, an dem sie schon seit zwei Jahren arbeitete. Die acht Akkorde am Anfang waren wie Schläge, je lauter und wuchtiger sie wurden, desto mehr verflog Saras Wut, es war, als würde sie in der Musik aufgehen, sich in Musik verwandeln. Dann fielen die Streicher ein und trugen sie davon. Sie sah sich auf der Bühne des Konzertsaals im Stadthaus sitzen, mit geschlossenen Augen, und die

Musik floss durch sie hindurch ins Publikum, das mit höchster Konzentration zuhörte. Mitten im Takt brach sie ab. Sie saß heftig atmend da, ohne an etwas zu denken. Nachdem sie sich beruhigt hatte, ging sie in den Flur und rief bei Michael zu Hause an. Niemand nahm ab.

Das ist doch nicht dein erster Schüler, der aufgibt, sagte Victor und faltete die Noten zusammen. Aber mein Bester, sagte Sara. Er hat Talent. Wenn er lieber Sport treibt, sagte Victor. Klavier spielen ist nicht cool. Das Wort klang seltsam aus dem Mund eines Sechzigjährigen. Er möchte schon, sagte Sara, aber seine Eltern verbieten es ihm. Ich versuche es noch einmal. Sie wählte die Nummer wohl schon zum zehnten Mal seit diesem Nachmittag. Als Michaels Vater abnahm, wusste sie erst gar nicht, was sie sagen sollte. Er hörte ihr geduldig zu, dann sagte er mit freundlicher Stimme, es tue ihm leid, aber Michael müsse sich auf ein Hobby konzentrieren. Sie können ihn nicht einfach so aus dem Unterricht nehmen, sagte Sara heftig, das nächste Semester müssen Sie auf jeden Fall bezahlen. Der Vater sagte, er habe mit der Verwaltung der Musikschule gesprochen, alles sei geregelt. Musik ist kein Hobby, sagte Sara. Sie wich Victors Blick aus, der den Kopf schüttelte und beschwichtigend die Hände hob und senkte. Schwimmen kann jeder Idiot. Frau Wenger, unterbrach sie Michaels Vater, wir sind Ihnen dankbar für alles, was Sie für Michael getan haben, aber die Sache ist entschieden.

Sara ließ das Telefon sinken und schaute Victor entgeistert an. Er hat einfach aufgehängt. Komm, sagte Victor, trink ein Glas Wein. Er ging voraus in die Küche, nahm eine offene Flasche Weißwein aus dem Kühlschrank und zwei Gläser, als wäre er hier zu Hause. Schwimmen!, sagte Sara und schüttelte verständnislos den Kopf. Die rasieren sich den ganzen Körper. Victor lächelte und nahm einen Schluck Wein. Die Kinder bestimmt nicht. Der wird noch von mir hören, sagte Sara, das lasse ich mir nicht gefallen. Wohl um sie abzulenken, fragte Victor, ob sie mit dem Rachmaninow vorankomme. Ich arbeite daran, sagte sie, aber er ist sauschwer. Hast du beim Musikkollegium angefragt? Sie schüttelte den Kopf. Die wollen bekannte Namen, jemand wie ich hat da keine Chance. Versuch es doch wenigstens, sagte Victor, wir haben kürzlich die Sponsoringverträge erneuert, da habe ich deinen Namen fallenlassen. Und?, fragte Sara. Der Chefdirigent hat gesagt, du sollst dich bei ihm melden. Du musst ihn von mir grüßen. Victor trat zu ihr und legte ihr eine Hand auf die Schulter. Sie mochte diese kleinen freundschaftlichen Berührungen und strich kurz über den Ärmel seines Jacketts. Wann fliegst du? Übermorgen, sagte er, die Hand immer noch auf ihrer Schulter. Ich bin todmüde, sagte Sara. Pass auf dich auf. Victor trank sein Glas im Stehen aus und wünschte ihr schöne Ferien. Sara sagte nichts mehr. Zum Abschied küssten sie sich auf die Wangen.

Die Luft im Klavierzimmer war abgestanden, die gelben Vorhänge waren halb zugezogen, und es war schummrig. Sara goss den Philodendron, der sich an der Zimmerdecke entlangzog, und besprühte die Blätter mit einem Blattglanzspray. Sie hatte die Pflanze vor Jahren von einer Schülerin übernommen, die mit ihren Eltern nach Amerika ausgewandert war. Philodendren reinigten die Luft, hatte die Schülerin behauptet, sie nähmen Formaldehyd auf und andere Raumgifte. Die formlose Pflanze mit ihren Luftwurzeln, die sinnlos ins Leere hingen, kam Sara vor wie ein Sinnbild ihres Lebens, langsam wuchernd bildete sie ein Blatt nach dem anderen, ohne die Aussicht, diesem Raum jemals zu entkommen.

Am Nachmittag telefonierte sie mit der Verwaltung der Musikschule und verlangte, mit dem Schulleiter zu sprechen. Sie schilderte ihm die Situation und beklagte sich darüber, dass man Michael einfach so gehen lasse. Der Schulleiter sagte, er kenne den Fall nicht, aber wenn der Junge nicht motiviert sei, habe es keinen Sinn, ihn zum Unterricht zu zwingen. Sie haben doch genug Schüler, sagte er. Darum geht es nicht. Michael hat Talent, es wäre eine Schande, wenn er jetzt aufhören würde. Regen Sie sich nicht auf, sagte der Schulleiter. Wir haben absolut keine Handhabe, das wissen Sie doch selbst.

Sara rief Michaels Klassenlehrer an. Der fertigte sie noch kürzer ab als der Musikschulleiter. Als sie fragte, wie Michaels Leistungen seien, sagte der Lehrer, er sei nicht berechtigt, ihr darüber Auskunft zu erteilen, sie solle sich an die Eltern wenden. Was ein Schüler in seiner Freizeit mache, sei ihm egal, Hauptsache er mache es mit Begeisterung.

Wütend blätterte Sara im Telefonbuch, als wäre darin jemand zu finden, der ihr helfen könnte.

Alle ihre Freunde schienen die Stadt verlassen zu haben, und so war Sara die nächsten Wochen über meistens daheim und übte den Rachmaninow oder las. Sie hatte keine Lust, alleine auszugehen, außerdem war es ihr zu heiß. Einmal kam eine Postkarte von Michael. Er hatte ihr noch nie zuvor geschrieben, und sie verstand es als einen Hilferuf, obwohl nur ein paar belanglose Sätze auf der Karte standen. Sie entwarf Briefe an seine Eltern, wütende, sachliche, flehende, die sie alle verwarf. Im Internet fand sie die Trainingszeiten von Michaels Club. Am Nachmittag ging sie ins Schwimmbad. Sie war seit Ewigkeiten nicht mehr da gewesen. In der Schule hatte sie mehr schlecht als recht schwimmen gelernt. Ein paarmal war sie während der Zeit am Konservatorium mit ihren Kommilitonen am See gewesen, aber sie hatte nicht verstanden, was der Reiz daran war, sich halbnackt in der Öffentlichkeit zu zeigen. Und das Wasser war ihr ohnehin immer zu kalt.

Sie betrachtete sich im Spiegel in der Garderobe. Ihr einteiliger Badeanzug war hoffnungslos aus der Mode, der Stoff war ganz spröde geworden, die Farben waren ausgebleicht. Sie wickelte sich das Badetuch um die Taille, um nicht ganz so ausgestellt zu sein. Dann trat sie mit unsicheren Schritten hinaus in die blendende Sonne. Das große Becken war voller Menschen, aber es waren keine Bahnen abgetrennt. Sara wandte sich an den Bademeister, der am Beckenrand stand. Der Schwimmclub trainiere in der Halle, sagte er, ohne sie anzuschauen, und blies in seine Trillerpfeife, um einige Kinder zurechtzuweisen.

Im Hallenbad war es noch wärmer als draußen und stiller. Der Chlorgeruch erinnerte Sara an ihre Schulzeit, an ihren Sportlehrer, der sich lustig gemacht hatte über die wasserscheuen Kinder. Sie hatte den Schwimmunterricht so sehr gehasst, dass sie davor jedes Mal Bauchschmerzen bekam. Aber irgendwann hatte die Mutter sie durchschaut und sie trotzdem hingeschickt. Das Becken war leer bis auf zwei Bahnen, auf denen ein halbes Dutzend Kinder hin und her schwammen. Ein Mann in kurzen Hosen und T-Shirt schrieb mit Kreide ein paar Zahlen und Buchstaben auf eine Schiefertafel, es schien eine Art Code zu sein. Sara ging zu ihm hin und fragte ihn, ob er der Trainer von Michael Bernold sei. Ja, sagte er und streckte ihr die Hand hin. Er ist in den Ferien. Ich bin ... ich war seine Klavierlehrerin, sagte Sara und schüttelte dem Mann die Hand. Sie kam sich nackt vor und schaute kurz an sich herab. Im Neonlicht der Halle wirkte ihre Haut grünlich, und in ihrem Ausschnitt entdeckte sie einen entzündeten Pickel. Er spielt Klavier?, fragte der Trainer. Er ist talentiert, sagte Sara, aber er hat aufgehört, weil er zu viel Zeit für das Schwimmtraining braucht. Zu viel, wiederholte der Trainer ausdruckslos. Das ist meine Meinung, sagte Sara. Ich hasse das Wort Talent, sagte der Trainer. Am Ende hat der Erfolg, der am meisten trainiert. Das habe ich ihm auch immer gesagt. Sara lächelte. Was verstehen Sie unter Erfolg? Einen Moment bitte, sagte der Trainer. Er ging zur Tafel, wischte die Zahlen und Buchstaben weg und schrieb neue darauf. Die Kinder, die am Ende der Bahn gewartet hatten, schwammen wieder los. Es sah aus, als würden sie an Seilen durch das Wasser gezogen, so schnell kamen sie vorwärts und so unangestrengt wirkten ihre Bewegungen. Der Trainer trat wieder zu Sara und zeigte auf ein Mädchen, das an ihnen vorbeischwamm. Lea zum Beispiel hat ein tolles Wassergefühl. Schauen Sie, wie sie sich bewegt. Aber wenn sie drei, vier Tage nicht trainiert, ist das weg, und ich kann wieder von vorne anfangen. Was verstehen Sie unter Erfolg?, fragte Sara noch einmal. Hauptsache, sie haben Spaß, sagte der Trainer. Michael hat den Winner-Instinkt. Er trainiert hart. Wenn er weniger trainieren würde, hätte er wieder Zeit für das Klavierspielen, sagte Sara. Können Sie nicht mit ihm reden? Der Trainer lächelte unkonzentriert und schüttelte den Kopf. Nein. Ich muss jetzt arbeiten. Sara blieb noch einen Moment stehen und schaute den schwimmenden Kindern zu. Dann ging sie um das Becken herum, legte das Handtuch ab und stieg die Treppe hinunter, bis ihr das Wasser bis zum Bauch reichte. Sie blickte zum Trainer hinüber, aber der beachtete sie nicht.

Sara war froh, als das Wetter endlich umschlug und es kühler wurde. Jeden Tag nahm sie sich vor, den Chefdirigenten anzurufen und sich mit ihm zu verabreden, aber dann schob sie es hinaus, sagte sich, er sei ohnehin in den Ferien oder sie müsse diese oder jene Stelle noch besser beherrschen. Victor schrieb regelmäßig Mails aus Madeira, an die er Bilder anhängte von roten Felsenklippen und exotischen Pflanzen. Er schien sich zu langweilen in seinem luxuriösen Hotel. Manchen Mails merkte Sara an, dass er sie betrunken geschrieben hatte, sie waren voller Tippfehler. Sie antwortete kurz, es sei nichts los, das Wetter sei schlecht, sie übe viel. Nach zwei Wochen veränderte sich etwas im Ton von Victors Mails, er schrieb immer noch regelmäßig, aber es klang jetzt, als tue er es nur noch aus Pflichtgefühl. Vielleicht hat er eine Bekanntschaft gemacht, dachte Sara. Der Gedanke brachte sie auf. Seltsamerweise war sie auf seine Frau nie eifersüchtig gewesen, und auch nach seiner Scheidung hatte sie nie mehr von ihm gewollt als die wöchentlichen Treffen, die Gespräche und seine Freundschaft. Aber es tat ihr weh, sich vorzustellen, dass er eine Geliebte haben könnte, eine Frau, die mehr Rechte hätte als sie.

In der zweitletzten Sommerferienwoche rief Sara endlich die Geschäftsstelle des Musikkollegiums an. Sie schilderte dem Mann am Telefon ihr Anliegen. Er versuchte sie abzuwimmeln, sagte, sie würden ausschließlich mit Agenturen zusammenarbeiten, mit international bekannten Künstlern. Ich könnte ja mal nach einer Probe vorbeikommen und dem Dirigenten etwas vorspielen, sagte sie. Zehn Minuten, das ist doch nicht zu viel verlangt. Er ist sehr beschäftigt, sagte der Mann am Telefon. Schließlich blieb Sara nichts anderes übrig, als ihre Beziehungen spielen zu lassen und Victors Namen zu erwähnen. Der Mann am Telefon schwieg einen Moment, dann sagte er mit beleidigter Stimme, er werde mit dem Chefdirigenten sprechen und sich dann wieder melden.

Die nächsten Tage übte Sara noch mehr als sonst. Manchmal wiederholte sie eine Stunde lang die immer selben Takte, bis ihr die Finger weh taten. Am Donnerstag rief der Mann vom Musikkollegium an. Sie verstand seinen Namen wieder nicht und traute sich nicht nachzufragen. Er war kurz angebunden und sagte, sie könne dem Chefdirigenten morgen nach der Probe vorspielen, um halb eins, sie solle pünktlich sein.

An diesem Nachmittag spielte sie das ganze Konzert in einem Stück durch. Zum ersten Mal bemerkte sie, dass ihrem Spiel jeder Glanz und jeder Ausdruck fehlte. Sie brauchte ihre ganze Kraft und Konzentration, um die technischen Schwierigkeiten zu meistern, und noch nicht einmal das gelang ihr. Sie machte Fehler, viele Fehler. Wie verblendet sie die ganzen Jahre gewesen war. Schon damals am Konservatorium hatte sie das Konzertdiplom nicht machen können, weil sie nicht gut genug gewesen war, und seither war sie nicht besser geworden. Vielleicht hatte der Schwimmtrainer recht, und das Talent spielte keine Rolle, aber ihr fehlte auch die Begeisterung, die Energie, das, was er den Winner-Instinkt genannt hatte.

Am liebsten wäre Sara gar nicht zum Vorspielen gegangen, aber das konnte sie Victor nicht antun. Und vielleicht war sie ja zu selbstkritisch. Auch das gehörte zu einer guten Künstlerin, dass sie nie zufrieden war mit dem, was sie erreicht hatte. Am Abend trank sie ein paar Gläser Wein und war plötzlich wieder ganz zuversichtlich.

Sara war viel zu früh beim Stadthaus. Der Hintereingang war abgeschlossen, und sie wartete vor der Tür. Obwohl es ein kühler Tag war, trug sie einen Rock. Sie hatte lange überlegt, was sie anziehen sollte, sogar das bonbonfarbene Kleid, das sie an der Hochzeit ihrer Schwester getragen hatte, hatte sie kurz aus dem Schrank gezogen. Schließlich hatte sie sich für einen knielangen Wickelrock mit Schottenmuster und eine cremefarbene Bluse entschieden. Sie fröstelte und knetete ihre Hände, die langsam klamm wurden. Endlich öffnete sich die Tür, und schwatzende, lachende Musiker strömten heraus, einige mit Instrumentenkästen. Sara erkannte eine Oboistin, die mit ihr das Konservatorium besucht hatte, aber die Frau erwiderte ihren Gruß nicht. Sara trat in den Empfangsraum, wo noch einige Musiker herumstanden und sie musterten.

Sie erkannte den Dirigenten sofort, obwohl er eine Strickjacke trug und ausgebeulte Cordhosen. Er trat sehr selbstsicher auf sie zu und streckte ihr die Hand hin, ohne seinen Namen zu nennen. Sara war erstaunt, wie jung er aussah, bestimmt war er jünger als sie. Er führte sie ins Solistenzimmer, einen kleinen Raum, in dem außer einem Flügel und einem Notenständer nur ein Tischchen und eine scheußliche schwarzweiße Designerliege standen, die sie an den Behandlungsstuhl ihres Gynäkologen erinnerte. Die Jalousien waren geschlossen, zwei Leuchtstoffröhren verbreiteten ein kühles, diffuses Licht.

Der Dirigent setzte sich auf die Liege und streckte die Beine aus, seine Haltung hatte etwas Obszönes. Während Sara die Noten aus ihrer Mappe zog und den Klavierschemel zurechtrückte, fragte er, auf was für einem Instrument sie zu Hause spiele. Ich habe nur ein Klavier, gab Sara zu. Lieber ein gutes Klavier als ein schlechter Flügel, sagte der Dirigent, waren Sie kürzlich im Konzert? Sara dachte nach. Die *Ceremony of Carols* von Britten hatte sie gehört, aber das war Jahre her. Ich komme nicht so oft ins Konzert, wie ich möchte, sagte sie, ich unterrichte auch an manchen Abenden. Der Dirigent runzelte die Stirn und fragte, was ihre Verbindung zu Victor sei. Er nimmt Klavierstunden bei mir, sagte sie, schon seit Jahren. Wir sind befreundet. Ich muss Ihnen nicht sagen, wie dankbar wir sind, dass seine Firma uns so großzügig unterstützt, sagte der Dirigent, aber das darf meine Entscheidung natürlich nicht beeinflussen. Also, lassen Sie mal hören. Er schaute auf die Uhr.

Es lief besser, als ich erwartet hatte, sagte Sara. Und was hat er gesagt?, fragte Victor. Die Telefonverbindung war schlecht, seine Worte klangen abgehackt und wurden immer wieder unterbrochen von kurzen Momenten der Stille. Er werde sich bei mir melden, sagte Sara, und dann noch einmal deutlicher, er wird sich bei mir melden. Ich verstehe dich ganz schlecht, sagte Victor, aber wir sehen uns ja in einer Woche. Bis dann.

Sara hatte es nicht fertiggebracht, Victor die Wahrheit zu sagen. Dass der Dirigent sie schon nach wenigen Minuten mit den Worten unterbrochen hatte, das habe keinen Sinn. Er war zu ihr ans Klavier getreten, hatte ihre Noten genommen und hineingeschaut, als wollte er sehen, was sie da gespielt hatte. Dann reichte er ihr das Heft und hielt ihr einen kleinen Vortrag über Rachmaninow, den letzten Romantiker, wie er ihn nannte. Seine Freundlichkeit und seine Geduld waren vielleicht die größte Beleidigung, er sprach mit ihr wie mit einem Kind, das getröstet werden muss. Er sagte, sie habe sich da ein sehr schwieriges Stück ausgesucht, für das ihre Fähigkeiten einfach nicht ausreichten. Sie solle es doch einmal mit einfacheren Sachen probieren. Und was Auftritte angehe, so könne er sich durchaus vorstellen, dass sie in einem Alters- oder einem Pflegeheim ein dankbares Publikum finde. Allerdings nicht mit dem Rachmaninow, sagte er lachend, sonst kriegen die alten Leutchen einen Herzinfarkt. Sara lächelte und ließ sich vom Dirigenten zur Tür begleiten und sich alles Gute wünschen.

Zu Hause saß sie bestimmt eine Stunde am Klavier und wurde immer wieder von Weinkrämpfen geschüttelt, bis ihr die Kehle weh tat. Sie trank in der Küche einen Schluck Wasser vom Hahn. Die Noten warf sie auf das Altpapier.

Zehn Tage später kam Victor wieder in die Stunde. Sara sagte, es wird nichts mit dem Auftritt. Er schien zu spüren, dass sie nicht darüber reden wollte, und fing an, von seinen Ferien zu erzählen. Nach der Stunde setzten sie sich in die Küche, und Victor zeigte ihr die Fotos von Madeira. Sie mussten die Köpfe nahe zusammenstecken, um auf dem kleinen Display der Digitalkamera etwas zu erkennen. Victor hatte seinen Arm beiläufig um Saras Schulter gelegt. Und, hattest du einen Ferienflirt?, fragte sie. Er rückte von ihr ab, sah sie erstaunt an und fragte, wie sie darauf komme. Also hattest du einen. Schau, sagte er, ich habe mein Leben, und du hast deins. Wir sind

Freunde, aber das heißt nicht, dass ich dir alles erzählen muss. Sara spürte, wie ihr Tränen die Wangen herunterliefen. Du bist dumm, sagte sie, du bist so schrecklich dumm. Victor streichelte ihre Schultern und redete beschwichtigend auf sie ein, aber sie stand auf und sagte mit kalter Stimme, er solle gehen. Such dir eine andere, die du ausnützen kannst. Er versuchte sie umzustimmen, aber dabei machte er die Sache nur schlimmer.

Nachdem er gegangen war, saß Sara noch eine Weile lang am Klavier. Unentschlossen drückte sie ein paar Tasten, aber die Töne schienen ihr falsch, und keine Melodie wollte sich bilden. Schließlich rückte sie den Klavierschemel zur Wand, stieg darauf und begann sorgfältig die Bastschnüre zu lösen, mit denen sie die Ranken des Philodendron festgebunden hatte. Es dauerte lange, bis sie alle Befestigungen gelöst hatte und die Pflanze in einem Haufen neben dem Klavier lag. Als sie sie mit der Gartenschere in kleine Stücke schnitt, kam es ihr vor, als würde sie ein empfindungsfähiges Wesen töten, aber nachdem sie das Grün in Mülltüten gesteckt und diese an die Straße gestellt hatte, war sie trotzdem erleichtert.

Der Koffer

KAUM HAT HERMANN DIE LISTE auf das ungemachte Bett gelegt, nimmt er sie wieder in die Hand. Er hat schon vergessen, was er eben gelesen hat. Toilettenartikel. Er geht ins Bad, sammelt Rosmaries Sachen zusammen, die Olivenölseife, die sie letztes Jahr in Südfrankreich gekauft hat, ihre Haarbürste, Zahnbürste und Zahnpasta, das Deodorant. Er weiß nicht, welches der vielen Shampoos sie benutzt, und packt aufs Geratewohl eines ein. Was noch? Eine Nagelschere. Den Nagellack stellt er nach kurzem Zögern zurück. Er geht ins Schlafzimmer, holt den kleinen Lederkoffer vom Schrank und legt den Waschbeutel hinein. Dann schaut er wieder auf die Liste. Genügend Unterwäsche. Er steht vor dem geöffneten Schrank und kramt in Rosmaries Unterwäsche, weiße Knäuel, die ihn an die Blüten der Pfingstrosen im Garten erinnern. Er hat das Gefühl, etwas Unrechtes zu tun. Was heißt genügend? Er weiß nicht, wie lange Rosmarie im Krankenhaus bleiben muss, er ist froh, wenn sie überhaupt zurückkommt. Pyjama oder Nachthemd. Er geht durch die Wohnung auf der Suche nach ihren Hausschuhen. Dann fällt ihm ein, dass er die Hausschuhe gesehen hat, als Rosmarie auf der Bahre lag und die Sanitäter sie hinaustrugen. Sie hingen an ihren Füßen wie an Haken. Er hatte einen Moment lang daran gedacht, ihr Schuhe anzuziehen. Nicht einmal die Post hätte sie in Hausschuhen geholt. Feste Turnschuhe, falls Physiotherapie vorgesehen ist. Er weiß nicht, was die Ärzte mit Rosmarie vorhaben. Nur schon bei der Vorstellung, sie könnte Turnschuhe tragen, muss er lächeln. Vorläufig ist an solche Therapien nicht zu denken. Die Ärzte haben sie in ein künstliches Koma versetzt und ihren Körper auf dreiunddreißig Grad hinuntergekühlt. Sie haben sie kalt gemacht, daran muss er seit gestern immer denken.

Er schaut auf die Uhr. Jetzt wird sie operiert. Ein erweitertes Blutgefäß im Gehirn, hat einer der Ärzte ihm nach stundenlangen Untersuchungen gesagt und ihm den Eingriff erklärt. Dann hat er ihm eine Broschüre des Krankenhauses in die Hand gedrückt und ihn nach Hause geschickt. Ruhen Sie sich aus. In der Broschüre ist ein Grußwort des Chefarztes, eine Karte des Geländes, ein Zugfahrplan und sonst noch einiges an Informationen. Ganz hinten hat Hermann die Liste gefunden. Bitte bringen Sie am Eintrittstag Folgendes mit.

Niemand hat ihm sagen können, wie es weitergeht, niemand scheint es zu wissen. Hermann schaut auf die Liste. Hilfen wie Brille oder Hörgerät inkl. Batterien. Rosmarie braucht keine Hilfe. Wenn jemand Hilfe braucht, dann er. Seit Jahrzehnten hat er keinen Koffer gepackt. Sogar seine Militärsachen hat Rosmarie immer eingepackt, als er noch Dienst leisten musste, und das ist dreißig Jahre her. Wenn er in der Truppenunterkunft seinen Spind einräumte, fand er jedes Mal eine Tafel Schokolade zwischen der Wäsche. Er geht in die Küche, aber er findet keine Schokolade. Seit er unter Diabetes leidet, versteckt Rosmarie die Süßigkeiten. Lesestoff, Briefpapier, Schreibsachen. Auf dem Nachttisch liegen drei Bücher aus der Bibliothek. Er liest die Titel und die Namen der Autoren, die ihm nichts sagen. Er selbst ist kein Leser. Auf den Büchern liegt Rosmaries Lesebrille. Er packt alles ein. Weil er das Etui der Lesebrille nicht findet, wickelt er sie in ein Taschentuch und steckt sie in den Waschbeutel. Der Koffer ist nur halb voll. Hermann legt eine Strickjacke dazu und ein paar Zeitschriften, die er im Wohnzimmer gefunden hat, und schließt den Koffer sorgfältig.

Im Café gegenüber dem Eingang sitzen Patienten mit ihren Angehörigen. Manche tragen Bademäntel, an die Tische gelehnt stehen Stöcke, einer zieht ein Infusionsgestell auf kleinen Rädern hinter sich her. Seit Jahren ist Hermann nicht im Krankenhaus gewesen, aber an den Geruch kann er sich sofort wieder erinnern. Hinter dem Café gibt es einen kleinen Kiosk. Er kauft eine Tafel Schokolade, obwohl er weiß, dass Rosmarie sich nicht viel daraus macht. Es ist das Einzige, was er tun kann, ein Liebesbeweis. Blumen sind ihm zu demonstrativ. Blumen schenkt man, wenn ein Kind geboren wird und alle es wissen sollen. Er kann sich an Sträuße erinnern im Krankenhausflur. Wie Trophäen sahen sie aus in ihren Vasen. Die Schokolade wird Rosmarie in ihrem Nachttisch aufbewahren. Sie wird an ihn denken wie an etwas Verborgenes, hier, wo alles sonst öffentlich ist, ausgestellt im hellen Licht der Leuchtstoffröhren. Hermann öffnet den Koffer ein wenig, um die Schokolade zwischen Rosmaries Wäsche gleiten zu lassen, dabei springt der Deckel auf, und alles fällt auf den polierten Steinboden. Er kniet nieder, rafft die Sachen zusammen und stopft sie so schnell wie möglich wieder in den Koffer. Er blickt sich um, als täte er etwas Verbotenes. Der Mann mit der Infusion schaut mit ausdruckslosem Gesicht zu ihm herüber. Die Kleider, die Hermann mit viel Mühe zusammengelegt hat, sind zerknittert.

Der Portier erklärt ihm den Weg zur Intensivstation. Die Stationen hier sind mit unterschiedlichen Farben markiert, das soll die Orientierung erleichtern. Die Intensivstation ist blau, Gelb steht für die Klinik für Kinder und Jugendliche, die Urologie und die Frauenklinik sind grün, die Chirurgie ist violett. Hermann versucht, einen Sinn in den Farben zu erkennen, aber es gelingt ihm nicht. Nur das Rot der Kardiologie leuchtet ihm ein.

Er steht an Rosmaries Bett. Ihr Kopf ist verbunden und ihr Körper an Maschinen angeschlossen, sie wird künstlich beatmet, hat eine Magensonde und einen Blasenkatheter. Medikamente werden ihr über Schläuche direkt ins Blut verabreicht. Ihre Arme und Beine werden gekühlt, um die Körpertemperatur tief zu halten. Sie ist nackt bis auf eine Art weiße Schürze, die an den Seiten offen ist und die sie kaum zu bedecken vermag. Ihr Gesicht hat einen seltsam schlaffen Ausdruck. Hermann steht neben dem Bett und starrt sie an, er mag ihr nicht einmal die Hand auf die Stirn legen, so fremd kommt sie ihm vor. Einzig ihre Hände mit den lackierten Fingernägeln sind ihm vertraut. Manchmal hört er vom Flur einen Alarm. Es klingt, als schlüge eine Pendeluhr die Stunde.

Der Arzt sagt, er müsse noch einmal operieren, einen Bypass legen. Er macht ein ernstes Gesicht, aber er sagt auch, Rosmarie habe Glück gehabt. Wäre sie eine halbe Stunde später eingeliefert worden. Er spricht den Satz nicht zu Ende. Hermann kann sich den Rest denken. Wir hoffen das Beste, sagt der Arzt. Haben Sie noch Fragen? Nein. Hermann schüttelt den Kopf. Es ist ihm, als hätte das alles nichts mit ihm und Rosmarie zu tun. Der Arzt verabschiedet sich mit einem Kopfnicken und einem Blick, der wohl aufmunternd sein soll. Die Schwester sagt, Frau Lehmann brauche nichts, es sei ihr lieber, wenn er den Koffer wieder mitnehme, dann könne auch nichts wegkommen. Er solle die Sachen bringen, wenn seine Frau die Intensivstation verlassen könne. Sie gibt ihm einen Fragebogen zu den Vorlieben und Gewohnheiten der Patientin. Seine Antworten würden helfen, sie besser zu betreuen, sagt sie, reicht ihm einen Stift und führt ihn ins Wartezimmer. Er liest die Fragen durch. Gehört die Patientin einer Religion an? Wie praktiziert sie diese? Mag die Patientin Musik? Und wenn ja, welche? Welche Geräusche mag die Patientin, welche machen ihr Angst? Welche Gerüche sind der Patientin angenehm? Er denkt an die Seife aus Olivenöl. Und welche mag sie nicht? Was ist ihre Lieblingsfarbe? Hat sie Einschlafrituale? An welchen Körperstellen empfindet sie Berührungen als angenehm?

Er geht durch die Flure, vorbei am Empfang und am Café und hinaus in den kalten Winternachmittag. Die Haltestelle liegt zwischen dem Krankenhaus und dem See. Hermann sieht einen Zug abfahren. Der nächste wird erst in einer halben Stunde kommen. Er könnte zu Fuß nach Hause gehen, in einer Stunde müsste es zu machen sein, aber er hat die Fahrkarte schon gelöst, und er ist müde, die letzte Nacht hat er kaum geschlafen. Er drückt den Knopf, *Halt auf Verlangen* und setzt sich auf die schmale Bank. Den Koffer hat er neben sich auf den Boden gestellt. Er betrachtet den See. Etwa hundert Meter vom Ufer entfernt wechselt die Farbe des Wassers plötzlich von einem hellen Blau zu einem dunklen Grün. Auf dem Uferweg gehen ein paar Wanderer vorbei. Sie bleiben bei einem Wegweiser stehen und schauen zurück. Als der Zug endlich kommt, ist Hermann durchgefroren.

Er ist nicht oft in der Bibliothek gewesen. Nur manchmal hat er Rosmarie begleitet, oder er hat ihre Bücher zurückgebracht, wenn er ohnehin in die Stadt hinuntermusste. Trotzdem begrüßt ihn die Bibliothekarin mit Namen. Sie nimmt die Bücher in Empfang und fragt, ob sie Rosmarie gefallen hätten. Hermann ist erstaunt, dass sie seine Frau beim Vornamen nennt. Ja, sagt er, ich glaube schon. Ich habe das neue Buch von Donna Leon für sie beiseitegelegt, sagt die Bibliothekarin und nimmt es von einem kleinen Gestell auf Rollen, das neben ihrem Schreibtisch steht. Ich habe ihr versprochen, sie kriege es als Erste.

Sie stempelt ein Datum auf einen Zettel, der hinten im Buch klebt. Dann erst scheint sie Hermanns Koffer zu bemerken und fragt, ob er wegfahre? Ja, sagt er, er hat keine Lust, Fragen zu beantworten. Die Bibliothekarin sagt, sie könne das Buch auch hierbehalten, wenn er es nicht mitnehmen wolle. Ich bin nicht lange weg, sagt er und nimmt ihr den Roman mit einer schnellen Bewegung aus der Hand. *Wie durch ein dunkles Glas*. Die Bibliothekarin sagt etwas vom Unruhestand, sie lacht. Hermann bedankt sich und geht.

Draußen hat es zu dämmern begonnen. Er dreht sich noch einmal um, und als er sieht, wie die Bibliothekarin ihm durch die Glastür nachschaut, geht er in Richtung Bahnhof davon. Unterwegs trifft er einen seiner Nachbarn. Die Familie ist erst vor zwei Jahren eingezogen, der Mann arbeitet bei einer Versicherung, die Frau ist zu Hause und kümmert sich um die beiden Kinder. Hermann sieht sie manchmal im Garten. Sie hat ihm Komplimente für die Pfingstrosen gemacht und ihn ein paarmal um Rat gefragt. Sie hat gesagt, sie hätten vorher in einer Mietwohnung gelebt, sie kenne sich mit Pflanzen nicht aus. Das Wichtigste ist, für jede Pflanze den richtigen Standort zu finden, hat er gesagt. Sie muss sich wohl fühlen, dann wächst sie fast von selbst.

Geht es in den Urlaub?, fragt der Nachbar. Hermann murmelt etwas, und der Mann wünscht ihm, ohne anzuhalten, schöne Ferien. Gleichfalls, sagt Hermann, ohne nachzudenken. Die Nachbarn scheinen die Ambulanz gestern Nacht nicht bemerkt zu haben.

Er hat den erstbesten Zug genommen. Als der Schaffner kommt, fragt Hermann, wohin der Zug fahre, und löst eine Karte bis zur Endstation. Die meiste Zeit schaut er aus dem Fenster in die Dunkelheit. Der Zug füllt sich langsam und leert sich nach Zürich wieder, die Namen der Haltestellen klingen immer weniger vertraut. Eine ältere Frau, ungefähr in Rosmaries Alter, sitzt im Abteil schräg gegenüber und beobachtet ihn so unverfroren, dass er schließlich den Platz wechselt. Nach drei Stunden sagt die Stimme aus den Lautsprechern, der Zug habe die Endstation erreicht, *gare terminus*. Die Ansage ist zweisprachig wie die Stadt, in der Hermann nun steht. Er kann sich nicht erinnern, schon einmal hier gewesen zu sein, aber er kann es auch nicht ausschließen. Er geht ziellos umher. Die Geschäfte haben geschlossen, und es sind nicht viele Leute unterwegs. Irgendwann gerät er auf eine schmale Straße, die an einem Kanal entlangführt. Er kommt zu einem Park und dann an einen See. Eine langgezogene Mole führt weit hinaus. Hermann geht auf dem mit Holzplanken belegten, elegant geschwungenen Steg, der von kleinen Lampen beleuchtet wird, bis zu einer dreieckigen betonierten Plattform weit draußen im See. Lange steht er dort, den Koffer neben sich, wie ein Reisender an einer Bushaltestelle. Es ist ihm, als würde in dem alten Koffer alles stecken, was von Rosmarie übrig geblieben ist. Die Sachen scheinen mehr mit ihr zu tun zu haben als der kalte Körper, den er vor ein paar Stunden im Krankenhaus gesehen hat, ausgestellt auf einem Metallbett und reduziert auf seine Vitalfunktionen. Behutsam nimmt er den Koffer und geht die Mole zurück. Erst jetzt sieht er, auf der dem Hafen abgewandten Seite, eine Sandbank, auf der eine kleine Tanne liegt, vermutlich ein Christbaum, den jemand nach den Feiertagen in den Kanal geworfen hat und der hier gestrandet ist. Er geht durch den Park und den Kanal entlang zurück in die Innenstadt.

Der Nachtportier schaut Hermann komisch an, als er ein Doppelzimmer verlangt und gleich bezahlt, aber er stellt keine Fragen, nur ob der Herr einen Parkplatz brauche und ob er morgen früh geweckt werden wolle. Frühstück gibt es von sieben bis halb zehn im sechsten Stock. Über den Dächern der Stadt, fügt er unnötigerweise hinzu.

Hermann sitzt auf dem Bett in seinem Zimmer. Er hat nicht einmal die Schuhe ausgezogen, er ekelt sich vor dem durchgetretenen Teppichboden und dem Bettüberwurf, auf dem schon wer weiß wer gesessen hat. Das Zimmer ist klein und nur mit einer Sparlampe beleuchtet, deren mattes Licht nicht ausreicht, die Dunkelheit zu vertreiben. Es zieht, die Metallfenster schließen nicht richtig. Hermann hätte sich ein besseres Hotel leisten können, aber es schien ihm unangebracht. Ganz aus der Nähe sind Kirchenglocken zu hören. Er zählt die Schläge bis zehn. Dann schlagen die Glocken elf. Er muss eingenickt sein. Erst jetzt fällt ihm ein, dass niemand weiß, wo er ist. Er hat seine Medikamente nicht dabei, und gegessen hat er seit dem Mittag nicht mehr. Wenigstens hat er den Meldeschein beim Portier ausgefüllt. Sollte ihm etwas passieren, würde man wissen, wer er ist. Er überlegt, ob er im Krankenhaus anrufen solle, um sich nach Rosmaries Zustand zu erkundigen, aber er tut es nicht. Vermutlich würde man ihm am Telefon ohnehin keine Auskunft erteilen. Er zieht die Schuhe aus, aber nicht die Socken. Die Kleider hängt er über einen Stuhl. Dann legt er sich ins Bett. Der Koffer liegt neben ihm, da, wo sonst Rosmaries Platz ist. Das Licht lässt er brennen.

Als Hermann am Morgen erwacht, ist es draußen noch dunkel. Bevor er aufsteht, öffnet er den Koffer und nimmt die Gegenstände heraus, einen nach dem anderen, betrachtet sie lange. Er zieht Rosmaries Strickjacke an, isst die Tafel Schokolade, liest den Klappentext des Buches. Ist ein Familienzwist zwischen dem Fabrikbesitzer und seinem Schwiegersohn schuld? Oder musste der Nachtwächter der Glasmanufaktur dafür büßen, dass er ein fanatischer Leser ist? Hermann blättert weiter und findet ein Motto aus Don Giovanni:

Welch' ungewohntes Angstgefühl
Fesselt und lähmt die Sinne mir,
Gewittersturm umbrauset mich
Und wilde Feuersglut.

Im Buch wimmelt es von kursiv gedruckten italienischen Wörtern, *maestro, canna, servente, l'uomo di notte*. Hermann kann sich nicht vorstellen, was Rosmarie mit diesem Unsinn anfangen könnte. Er legt das Buch zurück und nimmt die Unterwäsche aus dem Koffer, zählt sie, wie man Tage zählt, mit dem kurzen Zögern der Erinnerung.

An diesem Morgen wäscht er sich das Haar mit Rosmaries Shampoo, er benutzt ihre Olivenölseife und putzt sich mit ihrer Zahnbürste die Zähne. Er frühstückt nicht, ihm ist ein wenig übel von der Schokolade. Er hat starken Durst und trinkt drei Gläser Leitungswasser.

Im Zug stellt er den Koffer neben sich auf den Sitz. In Olten steigen viele Leute zu. Ein junger Mann fragt Hermann, ob der Platz neben ihm frei sei. Ja, sagt er und nimmt den Koffer auf die Knie. Soll ich ihn in die Gepäckablage tun?, fragt der junge Mann. Nein, sagt Hermann schroffer, als er es beabsichtigt hat. Er hält den Koffer während der ganzen Fahrt fest, als würde ihn ihm jemand wegnehmen wollen. Als er zur Toilette muss, nimmt er ihn mit.

Es ist das Krankenhaus, in dem Hermann geboren wurde, in dem seine Kinder geboren wurden. Damals gab es nur das alte Gebäude. Der langgezogene Backsteinbau daneben muss aus den siebziger oder den frühen achtziger Jahren stammen. Hermann geht am Portier vorbei, er glaubt, sich an den Weg in die Intensivstation zu erinnern, dann verläuft er sich doch und muss eine Krankenschwester um Hilfe bitten. Sie fragt, ob ihm nicht wohl sei, und bringt ihn, obwohl er den Kopf schüttelt, zur Station. Dort kann man ihm nichts sagen. Der Arzt sei in einer Besprechung, er werde gleich bei ihm sein. Ob Herr Lehmann seine Frau sehen wolle? Er bittet um ein Glas Wasser, möchte sich erst einmal setzen. Eine Schwester reicht ihm den Fragebogen, den er gestern nicht ausgefüllt hat. Es ist wichtig.

Hermann sitzt im Wartezimmer und blättert in einer Broschüre zur Früherkennung von Herzinfarkten, dann in Frauenzeitschriften. Franz Beckenbauer betet für die schwerkranke Monica Lierhaus, eine

Sportschau-Moderatorin, von der Hermann noch nie gehört hat. Er interessiert sich nicht für Sport, trotzdem liest er den Artikel. Die Frau hatte ein Blutgerinnsel im Gehirn, wurde operiert, es gab Komplikationen, sie wurde in ein künstliches Koma versetzt. Ihr Leben hängt am seidenen Faden, endet der Artikel, die engsten Vertrauten von Monica machen sich auf das Schlimmste gefasst. Warum gerade sie?, steht unter dem Bild einer schönen jungen Frau mit rotbraunen Haaren. Hermann spürt, wie ihm die Tränen kommen. Er räuspert sich und reißt die Seite aus der Zeitschrift, faltet sie und steckt sie ein. Dann geht er mit dem Koffer in Rosmaries Zimmer. Er schaut sich um, niemand ist zu sehen. Er versteckt den Koffer hinter dem Gestell mit den medizinischen Geräten und verlässt, ohne Rosmarie noch einmal anzusehen, den Raum.

Sweet Dreams

> I should have known
> I'd never wear your ring
> *Reba McEntire*

DER KORKENZIEHER WAR EINEM MÄDCHEN nachgebildet, das ein Kleid trug, wie Lara sie von den Kindheitsbildern ihrer Mutter kannte, ein kurzes pastellgrünes Sommerkleid mit Glockenfalten. Nur der rote Kragen schien nicht recht zu passen, er müsste weiß sein aus besticktem Tüll. Lara sah die Fotos vor sich, von großen Familienfesten in einem Garten in Norditalien, Bilder voller unbekannter Menschen, an manche Namen erinnerte sich selbst die Mutter nicht. Das war ein Nachbar, wie hieß der doch gleich. Und das sind die Kinder von Alberto, dem Cousin meiner Mutter, Graziella, Alfina, den Namen des Kleinen weiß ich nicht mehr. Antonio? Tonino? Die Farben waren ausgeblichen und dadurch greller geworden. Es war, als wäre die Sonne in den Bildern gefangen, eine Kindheitssonne, hell und unerbittlich. Die Familie hatte sich danach verloren oder auseinandergelebt. Wenn Lara mit ihren Eltern nach Italien gefahren war, hatte es keine Feste mehr gegeben, nur Besuche in abgedunkelten Wohnungen bei alten Menschen, die seltsam rochen und trockene Kekse auftrugen und große Plastikflaschen ungekühlter Fanta.

Der Griff, mit dem man die Schraube in den Korken drehte, bildete den Kopf des Mädchens. Sie hatte einen Pagenkopf und ein maskenhaft lächelndes Gesicht. Lara schaute auf das Preisschild. Sie hatten schon einen Korkenzieher und tranken ohnehin fast nie Wein. Sie zögerte lange, die Verkäuferin schaute schon zu ihr herüber, da gab sie sich einen Ruck und ging zur Kasse. Ist es ein Geschenk?, fragte die Verkäuferin, machte das Preisschild ab und klebte es sich auf den Handrücken. Nein, Lara schüttelte den Kopf, ich nehme ihn gleich so mit. Sie schaute auf die Uhr. Der Bus fuhr erst in einer halben Stunde.

Lara arbeitete bei der Raiffeisenkasse und hatte früher Feierabend als Simon, aber sie zog es vor, auf ihn zu warten und mit ihm nach Hause zu fahren. Normalerweise saß sie im Unterstand, rauchte eine Zigarette und blätterte in einer Gratiszeitung. Plötzlich merkte sie, wie jemand vor ihr stand. Sie schaute hoch und sah Simon lächelnd vor sich stehen. Sie stand auf und küsste ihn auf den Mund, und er machte eine Bemerkung über ihr Laster, manchmal scherzhaft, manchmal ernst. Aber in den letzten Tagen war es so kalt gewesen, dass sie auf ihre geliebte Feierabendzigarette verzichtet hatte und sofort in den Bus gestiegen war, der meistens schon dastand, wenn sie zum Bahnhof kam. Simon war Verkäufer in einem HiFi-Geschäft. Nachdem der Laden schloss, musste er aufräumen, und wenn der Chef nicht da war, die Kasse machen. Die Busfahrer kannten ihn und warteten, wenn sie ihn an der Ecke auftauchen sahen. Ich musste noch die Kasse machen, sagte er atemlos, ließ sich auf den Sitz fallen und küsste Lara auf den Mund. Hast du wieder geraucht? Sie hatte sich ganz hinten hingesetzt, die Nische mit den drei Sitzen nebeneinander war ihr Platz. Hier war nicht viel Licht, und der Lärm des Motors verschluckte ihr Geflüster.

Lara hatte den Mantel nicht ausgezogen, aber sie spürte Simons Schulter an ihrer. Er erzählte von seinem Tag, von schwierigen Kunden und neuen Geräten und von einem Streit mit dem Chef. Lara liebte diese Fahrten mit ihm, besonders im Winter, wenn es draußen schon dunkel war, eine halbe Stunde über den Seerücken durch kleine Dörfer, vorbei an Wiesen mit alten Apfelbäumen und über Ackerland. Im Radio lief eine Countrysendung. Das war *Sweet Dreams*, sagte die Moderatorin, von Reba McEntire, der die heutige Sendung gewidmet ist. Lara küsste Simon und legte ihren Kopf auf seine Schulter.

Seit etwas mehr als vier Monaten wohnten sie zusammen in der kleinen Dreizimmerwohnung über dem Restaurant Bahnhof nicht weit vom See. Es war nicht ihre Traumwohnung, aber Simon hatte im Dorf seiner Kindheit bleiben wollen, und obwohl im Ort nicht viel los war, war es schwierig gewesen, etwas zu finden. Das Gebäude war alt und in schlechtem Zustand, im Treppenhaus herrschte eine schreckliche Unordnung, eine alte Kühltruhe stand im Weg, Stapel mit weißen Plastikstühlen aus der Gartenwirtschaft, leere Pappkartons und anderer Krempel. Im ersten Stock gab es ein paar Hotelzimmer, die selten belegt waren, im zweiten lagen die kleine Wohnung und zwei Studios. Eines stand leer, im anderen wohnte Danica, eine junge Serbin, die im Restaurant servierte. Als Lara und Simon sich die Wohnung angeschaut hatten, hatte Lara sich nicht vorstellen können, hier einzuziehen. Aber nachdem sie ein paar andere Objekte besichtigt hatten, die alle viel teurer gewesen waren, kamen sie doch auf dieses zurück. Bevor sie einzogen, strichen sie alle Räume neu, die Vermieterin bezahlte ihnen das Material und ließ ihnen freie Hand. Abendelang diskutierten sie über mögliche Farben, um am Schluss alles weiß zu streichen. Mit dem neuen Anstrich wurden die Räume gleich viel wohnlicher. Lara war glücklich. Es war Zeit gewesen, von zu Hause wegzukommen, obwohl sie sich mit ihren Eltern gut vertrug. Sie hatte Lust, ihr Leben endlich selbst zu gestalten, Dinge zu kaufen, sich einzurichten.

Lara war einundzwanzig, Simon drei Jahre älter. Mit seiner ersten Freundin war er nicht zusammengezogen. Das war nichts Ernsthaftes, sagte er, wenn Lara ihn ausfragen wollte. Er hatte bis jetzt bei seinen Eltern gelebt und musste sich erst daran gewöhnen, dass die Wäsche sich nicht selber wusch und dass der Kühlschrank nicht automatisch voll war. Aber auch ihm schien es Spaß zu machen, wenn sie am Wochenende zusammen einkauften und überlegten, was sie heute kochen würden, was morgen und was übermorgen. Brauchen wir noch Milch? Der Kaffee ist bald alle. Wir haben keine Mülltüten mehr. Diese Sätze hatten einen eigentümlichen Reiz, und der volle Einkaufswagen war wie ein Vorbote des erfüllten Lebens, das ihnen bevorstand. Wenn Simon ihn neben Lara durch die Tiefgarage des Einkaufszentrums schob, empfand sie einen seltsamen Stolz und eine tiefe Befriedigung, erwachsen zu sein und unabhängig.

Sie hatten ein paarmal zu IKEA fahren müssen, hatten eine Matratze gekauft und einen Lattenrost und allen möglichen Kleinkram für die Küche und das Bad, Lampen und Tischtücher und Geschirr. Von Simons Eltern hatten sie einen alten Tisch und vier Stühle bekommen. Statt eines Schranks benutzten sie ein billiges Regal, für das Lara einen Vorhang aus rotem Stoff genäht hatte. Sie liebte diese kleinen Arbeiten, nähte Kissenbezüge, montierte im Bad einen neuen Toilettensitz und eine wassersparende Brause, hängte Poster auf. Simon schaute ihr dabei zu und freute sich mit ihr. Nur das Elektrische überließ sie ihm.

Jede Woche kamen neue Sachen hinzu, eine gebrauchte Kaffeemaschine, die Lara bei Ebay ersteigert hatte, ein Schuhschrank, ein ganzer Stapel großer gelber Badetücher, die im Angebot gewesen waren. Simon mischte sich kaum ein, nur manchmal fragte er, brauchen wir das wirklich? Oder, wie viel hat das gekostet? Schlechte Qualität lohnt sich nicht, sagte Lara, die Badetücher halten ewig. Ewig ist lang, sagte Simon.

Er hatte nicht viel mitgebracht in den gemeinsamen Haushalt, der kleine gemietete Lieferwagen, mit dem sie erst zu seinen, dann zu ihren Eltern gefahren waren, war kaum zu einem Viertel gefüllt gewesen mit den paar Kartons mit Kleidern, CDs und alten Schulbüchern. Am meisten Platz hatte die Stereoanlage eingenommen und die riesigen Boxen und der Computer. Einen Fernseher hatten sie auf Abzahlung gekauft, ein Ausstellungsmodell, Simons Chef hatte ihnen einen guten Preis gemacht.

Wie gefällt dir der?, fragte Lara und zog den Korkenzieher aus der Tüte, die neben ihr auf dem freien

Sitz lag. Simon nahm ihn in die Hand und spielte damit herum, ohne etwas zu sagen. Er runzelte die Stirn, zog an der Schraube, und das Mädchen hob die Arme. Eine Balletttänzerin, sagte er. Nein, sagte Lara, ein kleines Mädchen. Haben wir noch Wein? Die Flasche von deinen Eltern, sagte Simon. Er spielte immer noch mit dem Gerät, zog mehrmals hintereinander schnell an der Schraube und ließ das Mädchen mit den Armen winken, als würde sie jubeln oder um Hilfe rufen. War der teuer? Die haben wir doch getrunken, als Hanni und Martin da waren, sagte Lara.

Das Restaurant, über dem die Wohnung lag, war eine ziemliche Spelunke. Lara und Simon kehrten nie dort ein, obwohl die Wirtin ihre Vermieterin war. Wenn sie ausgingen, dann in das Speiselokal, hundert Meter die Straße hinauf, wo es Cordons bleus mit verschiedenen Füllungen gab. Das Dancing unten am See, in dem sie sich kennengelernt hatten, besuchten sie nur noch selten. Während der Woche gingen sie früh schlafen, wenn sie am Wochenende Lust hatten zu tanzen, fuhren sie in die Stadt, wo es bessere Clubs gab und wo nicht jeder sie kannte.

Der Bus hielt vor dem Bahnhofsgebäude an, und der Fahrer wünschte über die Lautsprecheranlage allen einen schönen Abend und stellte den Motor ab. Die Passagiere stiegen aus, redeten noch ein paar

Worte und gingen dann weg. Lara kannte die meisten flüchtig, nur einen Mann hatte sie noch nie gesehen. Er hatte sich während der Fahrt ein paarmal zu ihnen umgedreht und sie beobachtet. Als der Fahrer die Station angesagt hatte, war er sofort aufgestanden und zur Tür gegangen, obwohl es die Endstation war. Während der Bus die letzten Kurven nahm, stand der Mann direkt vor Lara. Er hielt sich fest und drückte noch einmal auf den Halteknopf. Er musste um die vierzig sein und passte mit seinem langen dunklen Mantel nicht recht in die Gegend. Sie fragte sich, was er hier wolle. Während sie ihn musterte, trafen sich ihre Blicke. Der Mann wirkte ruhig, fast gleichgültig, aber in seinen Augen sah Lara eine Aufmerksamkeit und eine Art Hunger, die ihr unangenehm waren und sie zugleich herausforderten. Sie wandte sich Simon zu, küsste ihn und sagte, kommst du morgen mit mir auf den Markt in der Mittagspause? Sie merkte, dass ihre Stimme künstlich klang und lauter war als sonst, aber sie hatte irgendetwas sagen müssen. Der Mann mit dem dunklen Mantel stieg als Erster aus. Lara sah, wie er zurück zur Hauptstraße ging. Nach ein paar Schritten schaute er sich kurz um, als würde er sehen wollen, ob sie ihm folgen würde, und ihre Blicke trafen sich noch einmal. Kennst du den?, fragte Simon. Lara schüttelte den Kopf. Das Gesicht kommt mir irgendwie bekannt vor.

Als Lara die Haustür hinter sich abschloss, las sie wie jeden Abend das handgeschriebene Schild, das dort hing. Bitte kein Brot wegwerfen. Neben der Tür stand ein alter Karton, der bis oben mit trockenem Brot gefüllt war. Lara fragte sich, was die Wirtin damit vorhatte. Aus der Gaststube waren Musik und lautes Gelächter zu hören. Wenn am Freitagabend Volksmusikgruppen spielten, drang der Lärm bis hinauf in die Wohnung. Noch schlimmer waren der Toilettengeruch im Flur und der Zigarettenrauch, der durch das Treppenhaus hochstieg. Simon hatte sich schon ein paarmal beschwert, aber die Wirtin hatte nur gesagt, wenn der Geruch sie störe, müssten sie halt häufiger lüften.

Hast du Hunger?, fragte Lara. Ich würde gern ein heißes Bad nehmen vor dem Essen, ich bin total durchgefroren. Die halbe Stunde im Bus hatte nicht gereicht, um sich aufzuwärmen. Ich habe frische Ravioli gekauft, die brauchen nur drei Minuten. Ich habe noch keinen Hunger, sagte Simon, ich war spät im Mittag. Sie standen nebeneinander in der Küche, und Lara verstaute die Einkäufe. Sie hielt den Korkenzieher in die Höhe. Magst du die Farbe? Grün, sagte Simon, und Lara dachte wieder an die verblichenen Farben der italienischen Fotografien. Vierundfünfzig Franken hat er gekostet, sagte sie. Findest du das zu viel? Simon zuckte mit den Achseln. Du könntest doch unten im Restaurant eine Flasche Wein holen, während ich bade, sagte Lara, dann weihen wir den Korkenzieher ein.

Sie ging ins Bad, ließ Wasser in die Wanne ein und zog sich aus. Der Spiegel beschlug vom Dampf, und der Geruch von Fichtennadeln verbreitete sich im Raum. Als sie das Wasser abstellte, schien es auf einmal sehr still in der Wohnung. Dann hörte sie Schritte und Simons Stimme durch die angelehnte Tür. Er sagte, er gehe jetzt hinunter, um den Wein zu holen. Ich dachte, du bist schon weg, sagte Lara und steckte den Kopf durch den Türspalt, und er küsste sie auf den Mund und versuchte, die Tür aufzustoßen, aber sie hielt sie zu. Sie küssten sich noch einmal. Bis gleich, sagte Lara. Es war seltsam, sie schämte sich noch immer ein wenig vor ihm. Wenn sie ins Bett gingen, zog sie sich im Bad um und schlüpfte dann im Nachthemd zu ihm unter die Decke. Ungeduldig wartete sie darauf, dass er zu ihr herüberkam, aber sie hätte nie von sich aus den Anfang gemacht.

Bevor sie zusammengezogen waren, war alles ziemlich kompliziert gewesen. Sie hatte Simon ihren Eltern schon bald vorgestellt, und die hatten ihn gemocht, aber er hatte nie bei ihr übernachtet. Lara hätte sich geschämt, in ihrem Kinderzimmer mit ihm zu schlafen, sie hätte Angst gehabt, ihre Eltern könnten hereinkommen oder etwas hören, obwohl sie beide nicht laut waren im Bett. Wenn sie miteinander geschlafen hatten, dann bei Simon. Lara war immer angespannt gewesen und beim kleinsten Geräusch erschrocken. Im Sommer hatten sie es ein paarmal im Wald gemacht, aber das war unbequem, und auch dort war Lara nervös gewesen. Sie hatte sich noch nicht an die neue Freiheit gewöhnt. Wenn sie sich jetzt liebten, hatte sie immer noch Angst, jemand könne sie hören oder sehen. Manchmal, wenn Simon auf ihr lag, zog sie die Bettdecke über seinen Kopf. Wenn er die Decke abstreifen wollte, hielt sie sie fest und sagte, mir ist kalt.

Sie lag im warmen Wasser und dachte nach, was in der Wohnung noch zu machen sei, was noch fehle. Einen Nachttisch hätte sie gerne gehabt, aber es hatte keinen Sinn, einen zu kaufen, solange sie kein Bettgestell hatten. Sie hatten in einem Möbelgeschäft ein Bett im Kolonialstil gesehen, eine Art Himmelbett aus Pappelholz und mit weißen Tüllvorhängen. Ein Traum, hatte die Beraterin gesagt, die zu ihnen getreten war und sie erwartungsvoll anschaute. Zu dem Bett gab es passende Nachttische und sogar einen Kleiderschrank. Aber im Moment reichte das Geld dafür nicht aus, und Lara war ohnehin nicht sicher, ob Simon die Möbel mochte, ob sie ihm nicht zu kitschig waren. Als sie die Betten bei IKEA angeschaut hatten, hatte er bei jedem Modell nur gefragt, ist das auch stabil? Hält das? Vermutlich hatte er es gar nicht so gemeint, aber Lara hatte sich trotzdem geschämt vor dem Verkäufer. Wir müssen ja nicht gleich alles kaufen, hatte sie gesagt. Jetzt lag der Lattenrost auf dem Parkettboden.

Nach zwanzig Minuten stieg sie aus der Badewanne und zog den Stöpsel heraus. Sie trocknete sich mit einem der gelben Badetücher ab. Eigentlich mochte sie die Farbe nicht, dieses gebrochene Gelb, das ein bisschen wie Senf aussah. Aber die Qualität war gut, obwohl sie die Tücher inzwischen schon ein paarmal gewaschen hatte, sahen sie noch immer aus wie neu. Lara musste daran denken, was Simon gesagt hatte: ewig ist lang. Vermutlich würden die Badetücher länger halten als ihre Beziehung, dachte sie und erschrak. Sie liebte Simon, und er liebte sie, aber wer konnte ihr garantieren, dass er sie auch in fünf oder in zehn Jahren noch lieben würde. Sie hatte zugleich sehr klare und sehr vage Vorstellungen von ihrer Zukunft. Kinder wollte sie und ein Haus, sie wollte weiter arbeiten, Teilzeit, wenn die Kinder da sein würden. In ein paar Jahren würde sie die Prokura bekommen, vielleicht irgendwann die Leitung der Filiale. Aber das alles schien sehr weit entfernt, ein anderes Leben. Manchmal fragte sie sich, ob Simon ihre Träume teile. Sie wurde misstrauisch, wenn er sagte, wir schauen mal, es kommt, wie es kommt, wir sind ja noch jung. Überhaupt war er ihr oft so fremd wie diese Wohnung, die nur ganz allmählich zu ihrem Zuhause wurde. Sie wusste nie genau, was er wollte, er sprach wenig über sich selbst, nur wenn er zusammen mit Freunden war, schien er ganz natürlich und gelöst.

Sie wickelte sich in das Badetuch, wusch sich die Haare im Waschbecken und trocknete sie ab. Plötzlich hatte sie Sehnsucht nach Simon, sie wollte ihn umarmen, mit ihm im Bett liegen und sich an ihn schmiegen. Sie ging in die Küche, aber dort war er nicht. Simon, rief sie und ging ins Wohnzimmer und dann ins Schlafzimmer. Simon? Er musste noch unten im Restaurant sein, bestimmt kam er gleich wieder hoch. Sie setzte sich an den Esstisch und blätterte in der Gratiszeitung, die sie im Bus eingesteckt hatte. Eine Ex-Miss wollte den Kilimandscharo besteigen, um Geld für ein Kinderkrankenhaus zu sammeln, Prinz William hatte sich für einen Porträtfotografen ein Toupet aufgesetzt, mindestens behauptete das die Zeitung, ein Amerikaner war hingerichtet worden für einen Mord, den er vor fünfundzwanzig Jahren begangen hatte. Unter der Überschrift *Grausiger Fund am Seeufer* wurde von einem Mann berichtet, der auf der Suche nach Forellen eine männliche Leiche entdeckt hatte, die in der Nähe des Ufers im Wasser lag. Die Polizei, die den Mann geborgen hatte, wurde zitiert, er sei seit zwei Monaten vermisst worden, vermutlich handle es sich um einen Selbstmord, aber ein Unfall sei nicht auszuschließen. Das Wasser sei vier Grad kalt, wer hineinfalle, überlebe nur wenige Minuten.

Ein Wassertropfen fiel aus Laras Haar auf das Bild des Kleinboothafens, wo die Leiche gefunden worden war. Schaudernd schob sie die Zeitung weg. Sie musste daran denken, wie der Mann wenige hundert Meter von hier entfernt im Wasser gelegen hatte, während sie und Simon sich einrichteten, zu Abend aßen, sich liebten. Ihr war kalt im Badetuch. Es gab in der Wohnung nur einen Gasofen, und die Fenster waren undicht. Lara ging in die Küche und setzte Wasser auf für die Ravioli. Sie nahm zwei Teller aus dem Schrank und zwei Gabeln aus dem Abtropfgitter und versuchte, einen Fleck auf der Kombination wegzuwischen, aber er ging nicht raus. Die Kücheneinrichtung stammte aus den siebziger Jahren, man konnte sie putzen, soviel man wollte, sie schien nie ganz sauber zu werden. Lara ging ins Bad, fönte ihr Haar und zog sich an.

Vorsichtig schlich sie die knarrende Treppe hinunter. Sie hatte das Flurlicht nicht angemacht, als dürfte niemand sie sehen. Es war keine Musik mehr zu hören, und auch der Lärm der Stimmen hatte nachgelassen. Als sie fast unten war, ging die Tür zur Gaststube auf, und im Gegenlicht war die Silhouette eines riesigen Mannes zu sehen. Im selben Moment ging das Licht an. Der Mann hatte ein stark gerötetes Gesicht, er zog die Tür hinter sich zu und ging grußlos an ihr vorbei zu den Toiletten, als hätte er sie gar nicht bemerkt. Die Stimme der Wirtin war laut und deutlich zu hören. Er hat ihn erst gar nicht erkannt, sagte sie, weil er auf dem Bauch lag. Im Sommer wäre er wohl rascher hochgekommen. Lara schob die Tür zur Gaststube auf und trat ein.

An den Tischen und an der Bar saß ein halbes Dutzend Männer. Lara erschrak, weil alle zu ihr hinschauten, dann erst merkte sie, dass die Männer sich der Wirtin zugewandt hatten, die hinter der Theke stand. Sie redete jetzt von etwas anderem. Diesen Schweinehund sollte man auch vergiften, sagte sie, dann weiß er, wie sich das anfühlt. Die armen Hunde. Lara hatte die Schlagzeile der Boulevardzeitung gelesen: Tierhasser schlägt wieder zu. Sie entdeckte Simon, der auf einer der Bänke an der Wand stand, den Kopf verborgen hinter einem riesigen Fernseher, der an der Decke hing. Dicht hinter ihm stand Danica, die Serviererin, und schaute zu ihm hoch. Obwohl sie seit Monaten direkt nebeneinanderwohnten, war Lara ihr erst ein paarmal im Treppenhaus begegnet. Manchmal hörte sie spätnachts ihre Schritte auf der Treppe, aber aus dem Studio selbst hatte sie noch nie ein Geräusch vernommen. Danica war als Jugendliche mit ihren Eltern aus Serbien in die Schweiz gekommen, das hatte sie erzählt, als Lara und Simon sie das erste Mal getroffen hatten. Sie habe keine Lehrstelle gefunden, obwohl sie eine gute Schülerin gewesen sei. Findest du sie hübsch, hatte Lara Simon nachher gefragt. Ich interessiere mich nicht für andere Frauen, hatte er gesagt. Aber du musst doch sagen können, ob du sie hübsch findest? Ich weiß nicht, sagte er. Sie hat einen Schlafzimmerblick, sagte Lara, und Simon lachte und küsste sie.

Simon schien irgendetwas am Fernseher zu machen. Nach einer Weile sprang er von der Bank und sagte etwas zu Danica. Sie lächelte und schaltete den Fernseher ein, und gemeinsam sahen sie auf den Bildschirm, auf dem das verrieselte Bild eines Skirennfahrers zu sehen war. Simon drehte sich um und sah Lara und trat zu ihr. Ein Wackelkontakt, sagte er und, als sie ihn verständnislos anblickte, der Fernseher spukt. Er wandte sich an die Wirtin und sagte, das Antennenkabel sei abgeknickt, er könne ihr morgen ein neues mitbringen. Das ist praktisch, wenn man die Handwerker im Haus hat, sagte die Wirtin, was trinkt ihr? Ein Glas Rotwein? Ich wollte eine Flasche Wein kaufen, sagte Simon. Die Wirtin sagte, das geht aufs Haus. Und die junge Dame? Simon warf Lara einen Blick zu, dann sagte er, ich nehme lieber ein Bier, und zu Lara, hast du Hunger? Setzt euch, sagte die Wirtin, tauchte ein Glas in das trübe Spülwasser und zapfte ein großes Bier. Es war kein Tisch mehr frei, und Simon setzte sich zu einem alten Mann, der schon ziemlich betrunken zu sein schien. Lara schob sich neben ihn auf die Bank. Sie hat mich gebeten, mir den Fernseher anzusehen, sagte er, wie um sich zu entschuldigen. Ein Wackelkontakt. Ich habe schon gedacht, du kommst nicht mehr, sagte Lara. Ihre Stimme klang vorwurfsvoll, was ihr nicht recht war. Sie wollte Simon nicht einengen, das hatte sie sich geschworen. Und er hatte ja nur helfen wollen. Sie bereute, heruntergekommen zu sein. Wäre sie oben geblieben, hätte er das Angebot der Wirtin bestimmt nicht angenommen und wäre gleich wieder hochgekommen. Danica trat an den Tisch und brachte Simons Bier und ein Glas Wein für Lara. Die Wirtin und die Männer diskutierten immer noch über die vergifteten Hunde und darüber, was man mit dem Täter machen sollte, wenn man ihn erwischen würde. Der Betrunkene sagte leise, er würde auch ein paar Hunde kennen, die man vergiften solle. Lara war nicht sicher, ob er es zu ihnen gesagt hatte, und gab keine Antwort. Sie fasste sich mit den Händen ins Haar, das immer noch ein wenig feucht war.

Ohne ersichtlichen Grund fing der Betrunkene an, von einer Kreuzfahrt zu erzählen, die er vor bald zwanzig Jahren auf dem Schwarzen Meer gemacht hatte. Langweilig sei es gewesen, auf so einem Schiff sei ja nicht viel los. Auf der Krim bin ich gewesen, in Sewastopol, da haben die Russen U-Boote und Schiffe. Das war ein Erlebnis, das hat sich gelohnt. Simon schien nicht zuzuhören, er trank sein Bier und schaute hoch zum Fernseher, wo ein anderer Skirennfahrer zu sehen war. Aus dem Lautsprecher drangen der Lärm von Kuhglocken und die rhythmischen Anfeuerungsrufe des Publikums. Lara hatte keine klare Vorstellung davon, wo das Schwarze Meer lag.

Danica trat mit der Weinflasche an den Tisch und hatte schon nachgeschenkt, bevor Lara, nein danke, sagen konnte. Sie hielt die Hand über das nun volle Glas. Seit Mittag hatte sie nichts gegessen, und sie spürte, wie der Alkohol ihr in den Kopf stieg. Und du nimmst noch ein Bier?, fragte Danica. Simon schaute wieder kurz zu Lara, als müsste er sie um Erlaubnis bitten. Dann sagte er, ja, gerne, und erhob sich halb. Darf ich schnell? Ich bin gleich zurück. Lara ließ ihn hinaus. Kaum hatte sie sich wieder gesetzt, fragte der Betrunkene, ob sie von hier sei, er habe sie noch nie gesehen. Sie fühlte sich unwohl in der Kneipe, bedroht von der lauten Wirtin und den betrunkenen Männern, die zu ihr herüberschielten. Ich bin in Kreuzlingen aufgewachsen, sagte sie. Der Mann streckte ihr die Hand hin und sagte, er heiße Manfred. Sie gab ihm die Hand und sagte, Lara. Doktor Schiwago, sagte er. Das war ein schöner Film. Mit Omar Sharif und … wie hieß die Frau? Julie Christie, sagte Lara. In der Straßenbahn. Der Betrunkene lächelte. In Kreuzlingen habe ich eine Schwester. Warst du schon mal in Russland? Nein, sagte Lara. Sie wollte noch etwas sagen, solange sie redete, konnte ihr nichts geschehen, aber ihr fiel nichts ein. Wo liegt noch mal das Schwarze Meer?, fragte sie schließlich. Man fährt vom Mittelmeer aus an Istanbul vorbei durch den Bosporus, dann kommt man ins Schwarze Meer, sagte Manfred. Im Süden ist die Türkei, im Norden Bulgarien, Rumänien, die Ukraine und Russland. Waren sie da überall?, fragte Lara. Ich habe diese Kreuzfahrt gemacht, sagte Manfred, da habe ich meine Frau kennengelernt. Eine Ukrainerin. Sie hat auf dem Schiff gearbeitet. Aber das ging nicht lange gut. Danica kam an den Tisch und fragte, ob sie noch einen Wunsch hätten. Beide schüttelten den Kopf. Als sie wieder gegangen war, flüsterte Manfred, die Frauen aus dem Osten, und legte einen Finger auf die Lippen. Lara war froh, als Simon endlich wiederkam. Sie hatte gedacht, er gehe zur Toilette, aber er hielt ein schmutzig weißes Kabel in der Hand. Er redete kurz mit der Wirtin und stieg noch einmal auf die Bank und ersetzte das alte Kabel. Einen Moment lang war auf dem Bildschirm nur ein graues Geflimmer zu sehen, dann war das Bild plötzlich klar, und der Ton schien Lara noch lauter als vorher. Simon drückte auf der Fernbedienung ein paar Programme durch, wohl um zu sehen, ob der Empfang auf allen Kanälen gut war. Für einen kurzen Moment tauchten auf dem Bildschirm zwei Männer auf, die sich gegenübersaßen. Lara war fast sicher, dass einer von beiden der Mann mit dem dunklen Mantel aus dem Bus war. Aber das Bild verschwand sofort wieder, eine Frau war zu sehen, die sich mit einem jungen Mädchen stritt, ein paar Soldaten, die durch einen Wald schlichen und dann wieder das Skirennen. Simon kam zurück an den Tisch. Mir ist eingefallen, dass ich noch ein Koaxkabel hatte, sagte er und lächelte zufrieden. Wollen wir gehen?, fragte Lara und stand auf.

Die Wirtin wollte kein Geld für die Flasche Wein. Die sei für das Kabel, sagte sie und gab Lara und Simon die Hand, die weich war und etwas feucht vom Spülwasser. Macht keine Dummheiten, rief einer der Männer ihnen nach, als sie die Gaststube verließen, und die anderen lachten.

Das Wasser sprudelte heftig, die Hälfte war schon verdampft und hatte am Rand des Topfes weiße Kalkspuren hinterlassen. Lara drehte schnell das Gas ab. Du darfst den Herd nie brennen lassen, wenn du aus der Wohnung gehst, sagte Simon. Als ob Lara das nicht gewusst hätte. Ich kann doch nichts dafür, sagte sie, ich habe gedacht, du kommst gleich wieder rauf. Ihr war zum Weinen zumute. Ich habe es nicht böse gemeint, sagte Simon und küsste sie. Es ist ja nichts passiert. Lara wandte sich ab und nahm den Korkenzieher. Simon schaute aufmerksam zu, wie sie die Plastikkapsel vom Hals der Weinflasche entfernte. Es kostete Lara einiges an Überwindung, den Daumen auf das Gesicht des Mädchens zu drücken, um genug Kraft aufzubringen und die Schraube in den Korken zu drehen. Sie schaute Simon in die Augen, er sollte nur sehen, wie wütend sie war. Es tut mir leid, sagte er, ich bin schuld, ich weiß. Sie stellte die Flasche hin und sagte, wie zur Versöhnung, jetzt du. Simon machte ein wichtiges Gesicht, als würde er eine große Überraschung erwarten und drückte die Arme des Mädchens langsam hinunter. Der Korken sprang mit einem hellen Plopp aus dem Flaschenhals. Simon schaute Lara grinsend an. Sie schlang ihre Arme um seinen Hals und fing an, ihn zu küssen, küsste ihn immer wieder und versuchte dabei, die Knöpfe seines Hemds aufzumachen. Simon legte den Korkenzieher, ohne hinzuschauen, beiseite, und Mund an Mund zogen sie sich gegenseitig aus und ließen die Kleider auf den Boden fallen. Simon fiel fast hin, als er aus seiner engen Jeans schlüpfte, er konnte sich gerade noch an Lara festhalten, die an den Häkchen ihres Büstenhalters herumzerrte. Als sie ganz nackt waren, legte Lara sich auf die Kokosmatte, die sie bei IKEA gekauft hatten, und Simon kniete sich zwischen ihre Beine. Er versuchte, in sie einzudringen, aber es gelang ihm nicht. Wollen wir nicht ins Bett gehen?, fragte er. Warte, sagte Lara und verschwand im Wohnzimmer und kam mit einem der Sofakissen zurück. Sie legte sich wieder hin und schob sich das Kissen unter das Becken. Die Matte war rau und Lara spürte, wie ihr Rücken zerkratzt wurde, aber das war ihr egal. Sie wusste erst, dass Simon gekommen war, als er sich neben sie auf den Boden rollen ließ. Sie war immer noch erregt und küsste und streichelte ihn, bis auch er wieder Lust bekam. Dann setzte sie sich auf ihn. Simon schien nicht mehr richtig bei der Sache zu sein, aber das war ihr egal. Sie ritt auf ihm, bis sie das Brennen in den Knien nicht mehr wahrnahm und spürte, wie ihr das Blut ins Gesicht schoss. Sie schloss die Augen und bewegte sich immer kräftiger, es war ihr, als fände alles nur in ihrem Kopf statt, als verbänden sich alle ihre Wahrnehmungen zu einem einzigen intensiven Gefühl. Dann hörte sie sich einen spitzen Schrei ausstoßen und ließ sich heftig atmend auf Simon sinken, den Kopf neben seinem, sie wagte nicht, ihm in die Augen zu schauen. Eine Weile lang lag sie so auf ihm, dann wurde ihr Atem ruhiger, und sie begann ihren Körper wieder zu spüren, den Schmerz in den Knien und die Kälte am Rücken. Sie setzte sich auf. Simon schaute sie erstaunt an und fragte lächelnd, bist du gekommen? Sie legte ihm einen Finger auf den Mund. Ihr Gesicht wurde ganz ernst, und sie sagte, wenn du mich irgendwann nicht mehr liebst, versprich, es mir zu sagen. Aber ich liebe dich, sagte Simon. Ich meine nur, sagte Lara, man weiß nie, was kommt. Jetzt muss ich etwas anziehen, sonst erkälte ich mich.

Im Bad sah sie, dass das Muster der Kokosmatte sich in die Haut ihres Rückens eingeprägt hatte und ihre Knie aufgeschürft waren und ganz rot. Sie hatte duschen wollen, aber jetzt zog sie nur einen frischen Slip an und warf den Bademantel über. Als sie in die Küche kam, hatte Simon sich angezogen, hatte frisches Wasser aufgesetzt und den Tisch gedeckt. Er schenkte zwei Gläser Wein ein und reichte ihr eines, und sie prosteten sich zu. Auf uns. Der Wein schmeckte scheußlich.

Lara setzte sich nicht wie sonst Simon gegenüber, sondern neben ihn und fasste ihn während des Essens immer wieder an, berührte seinen Arm oder streichelte seinen Nacken oder seinen Rücken. Nach dem Essen blieben sie lange sitzen und redeten. Lara war aufgekratzt, sie sprach mehr und schneller als sonst. Ich glaube, ich bin ein bisschen betrunken, sagte sie. Dann muss ich mich in Acht nehmen, sagte Simon und lächelte. Gehen wir ins Bett?

Simon ging ins Bad und kam im Pyjama zurück. Lara hatte keine Lust, sich die Zähne zu putzen. Sie zog nur den Bademantel aus und schlüpfte zu Simon ins Bett. Er lag auf dem Rücken, und sie schmiegte sich an ihn und schob die Hand in sein Pyjamaoberteil und streichelte seine Brust. Bist du müde?, fragte sie. Ja, sagte Simon und drehte sich zur Seite, und kurz darauf wurde sein Atem ruhig und regelmäßig. Lara war überhaupt nicht müde. Nachdem sie eine Weile wach gelegen hatte, stand sie auf und machte sich in der Küche eine Tasse Tee. Dann ging sie ins Wohnzimmer und schaltete den Fernseher ein. Sie zappte durch die Programme. Auf den meisten liefen irgendwelche Filme oder Talkshows. Bei einem Sender mit Sexspots hielt Lara an und schaute sich die Frauen an, die sich die Brüste massierten und stöhnten, ruf mich an, ruf mich an. Für einmal war sie nicht angewidert von den Spots, sie empfand im Gegenteil eine Art Sympathie für die Frauen, eine Solidarität, die sie selbst erstaunte. Sie schaltete um und sah plötzlich den Mann aus dem Bus. Es war der lokale Kanal, auf dem die Sendungen stündlich wiederholt wurden. Das Studio war in der Altstadt, nicht weit entfernt. Lara kannte den Moderator vom Sehen, er war früher Lehrer gewesen, Simon war zu ihm in die Schule gegangen.

Sie musste eine Weile zuhören, bis sie begriff, dass

der Studiogast ein Schriftsteller war. Seinen Namen hatte sie noch nie gehört. Die Fragen des Moderators waren oft länger als die kurzen sachlichen Antworten des Gastes. Wieder fiel Lara sein aufmerksamer Blick auf, der sie im Bus irritiert hatte. Auf die Frage, woher er die Ideen für seine Geschichten nehme, sagte er, die lägen auf der Straße. Gerade heute auf der Fahrt hierher sei ihm im Bus ein Pärchen aufgefallen, zwei ganz normale junge Menschen, die nebeneinandergesessen und auf eine rührend ernsthafte Weise miteinander gesprochen hätten. Sie haben mich an meine Jugend erinnert, an eine Frau, die ich heiraten, mit der ich Kinder haben wollte. Irgendwie ist es dann anders gekommen. Aber ich bin mir nie mehr so sicher gewesen wie damals, als ich noch keine Ahnung hatte vom Leben.

Er habe sich vorgestellt, die jungen Leute wären eben erst zusammengezogen, würden gemeinsam ihre Wohnung einrichten und Dinge kaufen und vielleicht manchmal mit leisem Staunen an die Jahre denken, die vor ihnen lägen, und sich fragen, ob ihre Beziehung halten werde. Es ist der glückliche, aber auch ein bisschen beängstigende Moment des Aufbruchs, der mich interessiert, sagte der Autor, vielleicht mache ich eine Geschichte daraus. Und wie geht diese Geschichte aus?, fragte der Moderator. Der Schriftsteller zuckte mit den Schultern. Das werde ich wissen, wenn ich sie zu Ende geschrieben habe.

Er sagte, junge Paare sähen oft aus wie ganz alte, vielleicht weil beide mit der Ungewissheit umgehen müssten. Der Moderator fragte, ob es denn nicht heikel sei, sich für seine Geschichten lebende Vorbilder zu nehmen. Der Schriftsteller schüttelte den Kopf. Es gehe ja nicht darum, diese zwei Menschen darzustellen. Sie hätten ihn auf eine Idee gebracht, aber mit den Figuren seiner Geschichte würden sie nichts zu tun haben. In Wirklichkeit waren sie gar kein Paar, sagte er. Jedenfalls sind sie an unterschiedlichen Stationen ausgestiegen und haben sich beim Abschied nur auf die Wangen geküsst.

Lara hörte den letzten Zug einfahren, Viertel vor eins. Sie trat ans Fenster und sah den Zug dastehen, ohne dass jemand ein- oder ausstieg. Nach einer Weile setzte er sich lautlos in Bewegung. Der Autor war bestimmt längst nach Hause gefahren, während er im Fernsehen weitersprach. Einen Monat lang würde das Gespräch mit ihm in einer Endlosschlaufe immer und immer wieder gezeigt, bis auch er nur noch eine Fiktion sein würde wie Lara und Simon selbst.

Coney Island

DAS PAPPSTREICHHOLZ ABREISSEN, das Briefchen umdrehen, ohne hinzuschauen. Der Daumen erinnert sich. Er hat den unteren Rand des Umschlags erkannt und sich dann auf den Kopf des Streichholzes gelegt und ihn auf die Reibfläche gepresst. Ein Reißen, und sofort schnellt der Daumen zurück, gibt den Kopf des Streichholzes frei, der aufflammt. Das Feuer, geborgen in der anderen Hand, zur Spitze der Zigarette führen. Ein erster kurzer Zug, ohne zu inhalieren. Die Flamme des Streichholzes wächst im Luftzug und fällt gleich darauf in sich zusammen, wird dunkler, sie hat auf den faserigen Karton übergegriffen. Dann erlischt sie im Wind.

Auf einem Granitblock sitzen. Die Beine angezogen, die Arme auf den Knien in der Waage liegend. In der rechten Hand, zwischen Zeige- und Mittelfinger, die Zigarette. Die linke Hand liegt auf der rechten, hält sich an ihr fest. Der Griff löst sich. Die Hand bewegt sich zum Knie, wo sie schwebend stehen bleibt. Die Fingerspitzen berühren das Knie mehr, als dass sie darauf ruhen. Die Hand mit der Zigarette hat sich dem Mund genähert und sich dabei um einen Viertelkreis gedreht. Sobald die Zigarette von den Lippen gehalten wird, lassen die Finger sie los. Die Hand verharrt, wo sie ist, der Kopf dreht sich weg. Durch eine winzige Verschiebung des Unterkiefers nach vorn hebt sich die Zigarette beim Ziehen etwas an. Der Kopf dreht sich zurück, die Finger schließen sich, ergreifen die Zigarette, die sich erst von der Unter-, dann von der Oberlippe löst. Der Arm fällt langsam zurück. Die Hände verschränken sich wieder. Rauch strömt aus dem Mund, und während der Daumen der rechten Hand sich auf den Filter der Zigarette legt, sie etwas gegen sich zieht und dann loslässt und die Zigarette zwischen den Fingern zurückfedert und die lose Asche sich vom glühenden Tabak löst und fällt, schiebt sich die Unterlippe halb über die obere und wischt die Empfindung weg, die dort noch von der Berührung der Zigarette geblieben ist.

Die Asche ist auf den Felsblock gefallen, einige Flocken haben sich gelöst, und rollt über den Fels, getrieben vom Wind und gelenkt von der Unebenheit des Steins, und fällt über die Kante und aus dem Blick. Der Wind, der vom Land her weht, ist stärker geworden.

Die wenigen Menschen, die am Strand entlanggehen, kommen alle auf mich zu, als hätten wir uns hier verabredet, und ändern die Richtung erst, wenn sie mich beinah erreicht haben, kaum merklich und gehen an mir vorbei. Das Geräusch der flachen Wellen hebt langsam an und ebbt ab. Aus der Ferne ist eine Sirene zu hören. Ein Mann lässt einen Drachen steigen, ein anderer geht mit einem Metallsuchgerät über den Strand. Er geht langsam hin und her, nach einem System, das nur er versteht. Es ist zwanzig vor drei am einundzwanzigsten Oktober zweitausendundzwei.

Der Granitblock gehört zu einem der Wellenbrecher, die alle paar hundert Meter ins Meer hinausgeworfen sind. Eine spanischsprechende Familie hat sich in meiner Nähe niedergelassen, ein Mann, eine Frau, zwei kleine Mädchen. Sie lachen, reden, füttern die Möwen, die aufgeregt lärmen vor Gier und mit zerbrechenden Bewegungen um die Brotbrocken kämpfen.

Unten am Meer haben zwei junge Frauen sich gegenseitig fotografiert. Dann sind sie näher gekommen. Eine ist an mir vorübergegangen, die andere hat gefragt, ob sie ein Bild machen dürfe. Ihre Begleiterin ist stehen geblieben und hat sich halb umgewandt. Sie hat die Augen aufgerissen und die Mundwinkel nach unten gezogen vor Ungeduld oder Schrecken. Ihr Gesicht sieht aus wie das einer Toten.

Die Fotografin stellt sich breitbeinig auf. Die Kamera verdeckt ihr Gesicht. Sie sucht nicht lang nach dem richtigen Ausschnitt, drückt gleich ab und noch einmal. Ich habe gefragt, ob ich lächeln soll? Sie hat den Kopf geschüttelt. Nein, hat sie gesagt. Einfach so bleiben. Das ist perfekt.

Inhalt

Sommergäste 5

Der Lauf der Dinge 27

Das Mahl des Herrn 47

Im Wald 55

Eismond 87

Siebenschläfer 105

Der letzte Romantiker 131

Der Koffer 147

Sweet Dreams 161

Coney Island 187